熱愛恐龍的女孩，激勵人心的古生物學家

最終成為

木村由莉 著
蔡政修 審定
劉子韻 翻譯

中文版序

給台灣的讀者：

你知道嗎？或許就在你的腳下，那很深很深的地方，有遠古的生物正在沉眠，一想到這裡，不覺得令人感到熱血沸騰嗎？如果我們能搭乘時光機進行時間旅行，可能會看見史上曾經出現過最龐大的象正在悠哉散步；或是身體長達七公尺的巨大鱷魚正躲在水邊陰影處乘涼；當然也可能會遇見正在追捕獵物的劍齒虎等，這些都是台灣遠古時代的場景。那些地面下深埋的化石會為我們解開過去生物的祕密，而古生物學家就是探索這些祕密的研究員。

我是在日本博物館工作的古生物學家，也曾經是位迷戀恐龍的女子。

這本書是在描述我追求「成為恐龍博士」的夢想故事，希望能告訴各位，夢想雖然是份憧憬，但在追求夢想的過程中可能會有無法跨越的障礙，這些困難最終不一定都能克服，可能往往還需要繞道前進。不過我發現，當時我竭盡心力走過的道路，最終讓我成為了古生物學家，雖然並沒有真的成為恐龍博士……

如果你覺得「化石很有趣」或是「想要成為古生物學家」，請好好珍惜這種心情。當然，無論是對孩子或是大人，「喜歡」這個詞伴隨著強大的力量，可能會把你帶到你想像不到的地方，如果此時這本書可以在追夢的旅程中陪伴著你，身為作者的我會感到非常開心。

順帶一提，我現在的工作，可以和各種職業的人接觸，例如圖鑑的編輯、畫家、配音員等，他們都是在從事和恐龍相關的工作，這告訴我們，想要成為恐龍博士的夢想，最終的著陸點其實有非常多的可能性。

現在，就讓我們期待你將會發現什麼樣的化石吧！

古生物學家　木村由莉
日本國立科學博物館

推薦文

充滿啟發與感動的學習歷程

清新甜美與熱情洋溢，是木村由莉博士給人的第一印象！當你有機會接觸到她，可以立即感受到一位年輕且傑出古生物學者的專業與敬業。而透過《熱愛恐龍的女孩，最終成為激勵人心的古生物學家》一書，卻又驚訝於木村博士的學習歷程、專業養成、學位追求之過程，是一段不為人知又充滿酸甜苦鹹的辛路歷程。

書中她詳述小時候參觀博物館的經驗、電影《侏羅紀公園》的觸動、求學過程的艱辛、家人全力的支持、前輩大師的提點、野外工作的驚奇、出國留學的苦澀、學術發現的喜悅、博士學位的榮獲，直到終於躋身成為日本頂尖博物館的研究要員，開始綻放新星般的研究成果，由莉醬，妳做到了！然而，在書末，木村博士不忘初衷地走訪相同世代的年輕學者，在聊天與回憶過程中，更許下了未來的目標。

我從早到晚無間斷地閱讀本書，清新淺顯的翻譯文字，讀起來非常舒服！當然，我更敬佩作者在描述自己的學習歷程中，不知不覺、有意無意地帶領讀者，進入了古生物的研究世界，包括野外化石採集調查、實驗室標本形態分析、最新的研究方法與儀器分析、基本的解剖分析、研究上的種種「眉角」，以及鼠類的起源發展與親緣關係，木村博士，妳真棒！

懷抱著恐龍夢想的大小朋友、對於古生物學充滿憧憬的莘莘學子、在興趣與現實糾結拉扯的家長與同學，我非常推薦大家來閱讀《熱愛恐龍的女孩，最終成為激勵人心的古生物學家》這本好書，我相信一定可以從書中得到啟發與感動。對於我，同為古生物領域研究的一員，也走過了一段漫長的海外留學與研究工作轉折荊棘，在閱讀本書時，竟然猶如時光機般，觸動了我的種種回憶，百感交集，不知不覺眼角泛淚……

木村博士任職的單位是位於東京上野公園的國立科學博物館（National Museum of Nature and Science，NMNS），研究部門位於筑波市，也是木村博士每日上班的地方。國人同胞喜歡至日本旅遊，我非常建議大家前往位於上野的「科博館」參觀遊覽，你將可以一睹木村博士書中啟發她，立志成為古生物學家的實地場域。而我本人任職於台中的國立自然科學博物館（National Museum of Natural Science，NMNS），好巧，簡稱同為「科博館」與「NMNS」，目前，我們正在推動兩館締結為姊妹館，我期盼能與木村博士有進一步的合作研究。

最後，透露一個小祕密，木村博士也是一位棒球迷！她熟知在日本職棒打拼的台灣選手。今年（二〇二三年）的三月二十二日，我們在各別辦公室一起看了WBC經典賽的美日決戰網路直播，最後在大谷翔平的奇蹟表現下，日本奪冠。我在向她道賀之餘，我們也共同期許，在下一屆的WBC經典賽，台灣和日本一起打入決賽！

地質學組研究員　張鈞翔

國立自然科學博物館

序章

「早稻田大學畢業，到美國念研究所，取得南方衛理公會大學的碩士和博士學位之後，在美國國立史密森尼自然史博物館當博士研究員，現在則在日本國立科學博物館從事研究工作。」

如果我現在是高中生，眼前出現這樣優秀的人，我應該會因為太過緊張而説不出話來。

萬一這個人還説出「我啊，就是妳喔！」這樣的話，我的表情一定比漫畫人物所能表現的還驚訝，驚訝到嘴巴都合不起來。

等等、等等。

先讓我深呼吸緩和情緒一下。

「我，會成為恐龍博士嗎？」

我這個冒冒失失、做事沒有效率、愛哭、又常常失敗的人，應該不適合當恐龍博士吧！但我就是超級喜愛研究工作的啊！

這是一段我將全部的青春都奉獻在恐龍和古生物上，比起同年紀的人要晚了十年才進入職場，終於成為古生物學家的故事。

目次

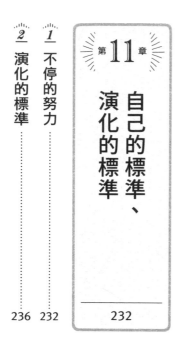

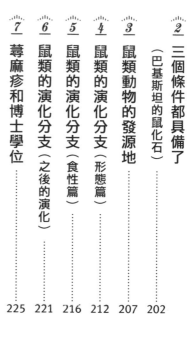

給入手這本書的中、小學生

這本書因為用了中、小學生尚未學習到的字詞，如果覺得閱讀起來有困難，就先略過困難部分也沒關係！只要能在書中感受到「追求夢想」以及「做研究」這兩件事，我就覺得很高興了。或許將來有一天，當你們有想要付出努力追求的事物時，能再度想起並翻閱這本書，對我而言就是最棒的事！

第0章

成為了古生物學家

我是位古生物學家，在日本東京上野的國立科學博物館（以下簡稱科博館）工作，專門負責研究小型哺乳類動物的化石……話雖如此，其實我主要的工作地點在距離上野約一小時車程的茨城縣筑波市，是科博館的研究機構。

首先，先從我喜愛的研究機構的屋頂，開始介紹起吧！

一登上屋頂，躍然映入眼簾的是日本百名山的其中一座，「筑波山」。筑波市位於關東的平原地區，是遍布田地的廣袤之地，而筑波山巍巍聳立其上。雖然在百名山中，筑波山是最矮的，但依然雄偉壯麗。

不過，即便是最矮的也沒關係，畢竟倒數第一也是第一名啊！

正所謂「西有富士，東有筑波」，對於在關東平原生活的人來說，筑波山從以前就是人們心靈的慰藉。我喜歡的百人一首和歌集中，有一首是這樣說的：「從筑波山流淌而下的男女川，如同我對你的愛戀相思，湧成深淵。」能在科博館的筑波研究機構的屋頂，獨覽這樣絕妙景色，想想這裡真是了不起的地方啊！

嗯？怎麼覺得臭臭的？

對了對了，忘記跟大家說了，屋頂這裡

百人一首：日本鎌倉時代歌人藤原定家挑選的和歌集，收錄了一百首來自不同時期的和歌，是日本文學史上最重要的詩選之一。本文所提的和歌是第十三首，作者是陽成天皇，將自己的深情比擬成河流送給喜歡的人。

有實驗室的排氣孔，當然會出現研究機構的臭味嘍！

好了，差不多該結束屋頂的話題，請各位來我的研究室吧！

一進門，右手邊有高至天花板的書櫃，是我個人的小小圖書室，左手邊則是比較深的角鋼架，專門擺放研究用的消耗品，因為櫃子很大，暫時還不需要擔心收納的問題。實驗室的中間有桌子，用來進行化石標本的登錄，因此，請各位小心地上看起來像是「亂丟的」化石，這些都是尚在進行登錄、很重要的標本。再往裡面的架子上則是擺放槌子、鑿子、長靴、登山用的背包等野外調查工具（雙筒望遠鏡）的地方。最近，我覺得自己挑選的這些道具很不錯，都可以長長久久的使用。研究室最裡面則是我的桌子，座位的背後放置了一台顯微鏡。

觀察標本的時間是我最開心的時候。館方規定不能夠邊吃東西邊處理標本，但是只要想到在工作結束後，就可以喝最喜愛的咖啡，實在滿心期待。用顯微鏡觀察堆積物時要特別小心，一邊用鑷子翻撥，一邊判斷這些小粒子是石頭或是化石，就這樣經過數小時的作業時間後，終於找到了哺乳類動物的牙齒化石。雖然是很小的化石，但是外形精巧，真的是非常漂亮。像這樣調查這顆牙齒化石是屬於哪種哺乳類動物的，也是我的研究項目之一。

作為一名科博館研究員，我的主要工作是標本的管理（例如將化石標本化、登錄化石的背景資料、出借為了研究或是展示用的化石）、策展陳列、科普教育，當然還有研究等，都屬於我的工作範疇。大家是不是會認為

研究、
調查工具
擺放文獻、
資料的書櫃
工作桌和
顯微鏡
工讀生的
工作桌和
椅子

像我們這樣的研究員，如果沒有在科博館的展間負責解說的話，應該就是在做各種研究吧？但其實，研究之外的雜事也相當多，平均來說在每週五天的工作日裡，真正能好好投入研究的時間加起來大概只有一天而已。

每天早上一上班，電子郵件裡就已經堆滿了許多需要回覆的信件，像是我不擅長處理的行政事務書信、和其他研究者討論的信件、參訪者來科博館的行程調整、展示品的審訂和校閱、回答訪客的疑問之類，等到一一將這些信件，以及因為信件而衍生出來的事務處理完，差不多就已經過中午了。接著，到五點下班鈴聲響起的這段時間，得整理標本、做實驗、分析、照顧實驗室的老鼠等。再之後直到晚上七點，則是確認研究方向、審查學會的論文、然後再次處理後來寄來的電子郵件。由於時差的關係，晚上通常會多很多英文信件。

就這樣，我從開始在科博館工作，倏忽過了五年歲月，終於習慣了這樣的忙碌步調。

校閱：針對文章中的錯誤，或解說不完善的地方進行檢查確認。

審查：針對投稿至學術期刊的論文，在論文刊登前和同領域的專家一起進行評價、查核等工作。

接下來，今天還有一些時間，我就跟各位說說為什麼本來想當恐龍博士的我，最後會成為哺乳類古生物學家的心路歷程吧！

對了對了！在我這研究室工作的兩位助理也會分別以串場人物的形式參與，大家可以想像他們很有活力，很喜歡說話的樣子。

大家好，我是八木下。我很喜歡協助探索新事物的工作，所以擔任研究助理。雖然不太懂深奧的事，但熱愛在科博館工作的每一日。

大家好，我是在木村老師研究室裡工讀的鈴木。因為我在研究所裡攻讀古生物研究，所以在老師的研究室裡負責化石標本的登錄，並擔任研究助理。

第1章 想要當恐龍博士

1 超級喜歡恐龍

我很喜歡恐龍。

記不得是從何時開始對恐龍感到興趣，當我注意到的時候就已經很喜愛了。

不過，有件事情我倒是一直記得很清楚，那就是一九九〇年在千葉縣

幕張舉辦的「大恐龍博'90」展覽會。

我因為父親調職的關係，小學一年級時就搬到神奈川縣的川崎市。那一年是東京迪士尼樂園開幕的第七年，在東京圈生活的小孩會以「我已經去過迪士尼樂園嘍！」來當作社會地位的展現。「既然都搬來這裡了，就去迪士尼樂園看看吧！」聽到媽媽這樣說，年幼的我非常開心。然後，在搭乘電車前往迪士尼樂園的兩個小時車程中，我得知了幕張那裡正在舉辦大恐龍博覽會。

究竟是那天臨時改變了行程？還是延期？我已經想不起來了。我不僅在迪士尼樂園裡遇到將來會成為我研

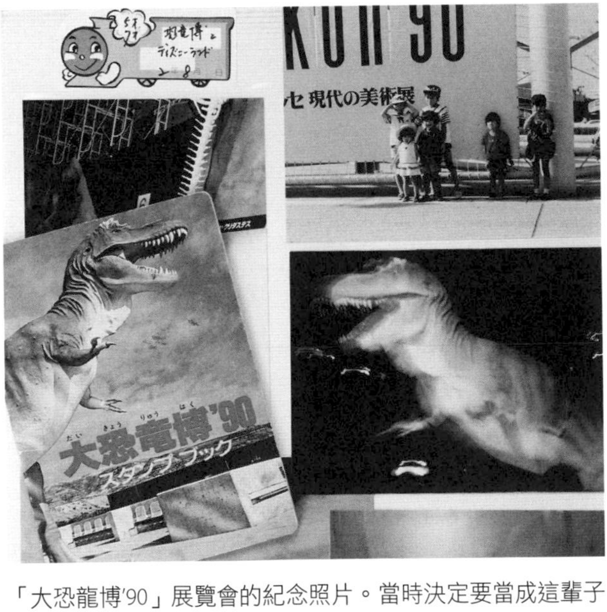

「大恐龍博'90」展覽會的紀念照片。當時決定要當成這輩子重要寶物的印章收集冊，至今仍是珍愛之物。

究對象的鼠科人氣角色，同時也得到了去大恐龍博覽會的機會。

這個大恐龍博覽會，是一九九〇年於千葉縣的幕張展覽館舉辦的展覽會，會場的標題寫著「從加拿大・亞伯達省啟航——恐龍的奇蹟！」因出產恐龍化石而聞名的亞伯達省德藍赫勒鎮，是加拿大皇家蒂勒爾古生物博物館所在地，這回來日本展出數量眾多的化石。其中，最吸睛的莫過於暴龍，除了有壯觀的骨骼標本，還有等比大的實體模型也來到了日本。

在偌大的會場裡，湧入了許多想一睹恐龍化石的人，這些群眾在入場時，都收到了用夾鏈袋裝的小碎石，這些小石頭是很久很久以前的化石，可能距今有一億年的歷史，因為德藍赫勒這地區遍布中生代白堊紀後期的地層，或許當中有些化石是更近代的產物，但是在此，就按照我的記憶來述說吧！

那時，當我將小小的化石碎片放在攤開的手掌心上仔細觀察的時候，心中升起至今未曾有過、不可思議的感受——

白堊紀：中生代是緊接在古生代之後的地質年代。中生代又分成三個紀，其中白堊紀是最後一個。白堊紀後期約距今1億～6600萬年前。

100,000,000
一億年前的石頭。

「時間，停止了。」

這是一億年前，曾經存在過的生命所留下的生物遺跡，而在化石底下，我薄薄的手掌皮膚內不停流淌的血液，則是現今我存活的證明。

就像是一場時光旅行。

這份不可思議的感覺是我的起點，「自數億年前的時光旅行」回來的這個當下，我更加喜歡恐龍了。

可惜的是，當初放在手心的化石碎片已經不見了，不過在展覽會上用來蒐集印章的小冊子，至今我仍好好的珍藏著。

2 侏羅紀公園

對於大恐龍博覽會還有一件令我印象深刻的事情：就是清修暴龍化石的展間。工作人員戴上防塵口罩以及防噪耳罩，利用電動雕刻筆慢慢的親手將化石從母岩中取出來的模樣實在是太迷人了，我也很想要自己動手做做看。

我是一直到一九九三年觀看了《侏羅紀公園》這部電影後，才知道原來在書裡或一些活動中出現的古生物學家，以及古生物學相關的職業，是真的存在，而那時我才小學五年級而已。

直到現在，《侏羅紀公園》系列仍是受歡迎的電影，即使是不太認識恐龍的人，也曾聽過那磅礴的主題曲。這部電影裡出現了許多種恐龍，其中能運用高智慧，群體高效狩獵的迅猛龍最令人印象深刻。這是種小型、動作十分敏捷的獸腳類恐龍，過去未曾聽聞，但因為這部電影而讓迅猛龍

母岩：埋有化石等礦物的岩石。

電影《侏羅紀公園》：美國的小說家麥可．克萊頓於1990年發表的小說，由美國導演史蒂芬．史匹柏改編成同名電影，之後更推出系列作。

的印象廣植人心。電影中還大量融入了近年來恐龍研究的要素，以及不久的將來可能會出現的化石物種古基因組編輯的基因工程，成為喜愛恐龍的年輕人討論之話題。

對我而言，這電影有兩個場景深深吸引著我。一個是暴龍將人整個吞下的畫面實在是太過恐怖，害我從電影院回來後整晚無法關燈睡覺。

另外一個是，為了想了解三角龍病情的女性古生物學家，竟然將手伸進三角龍糞便中的那一幕，也令我印象深刻。當然，我對影片中，用刷子一邊將地層表面清乾淨，一邊慎重的將化石挖掘出來的畫面也很有感，但是能將滅絕動物視為是現在還活著的動物般研究的古生物學家姿態，以及女性也能夠參與研究工作，這些更令我感到震撼。

希望有朝一日，我也能從事這樣的工作。

研究恐龍的渴望，在我體內不停的脹大。

3 無論怎麼努力，數學還是不好

如果將來想要主攻恐龍研究，首先要先將基礎學科學好，這是國中時期的我所得到的結論。

因為《侏羅紀公園》實在太有趣，所以我想要讀原著小說，但即使小說已經翻譯成日文，由於內容太困難使我無法順利閱讀；而電影雖然最初是看配音版，但若是沒有搭配字幕，就根本不知道影片內容在說什麼。所以閱讀小說需要靠國文力，聽懂電影內古生物學家的對話則需要英語力，更尤甚者，電影中還涉及到基因操作、分析等生物學和數學的複雜話題。因此無論如何，想要從事恐龍研究，就非得進大學不可，而在那之前則需要就讀高中，推算回來現在國中的課業若不好好讀是不行的。

理解到這一點之後，無論是學校的課業或是補習班的課業，我都認真以對。數學一直是我的弱點，但是為了恐龍研究，也不能再把「自己的數學很弱」當藉口了。

「要考到九十分以上」、「要考進全班前三名」……像這樣的目標設定既簡單又明確，到達之後還可稍微鬆懈休息一下；但若是想要「為了恐龍研究」而讀書，首先這目標實在太模糊遙遠，反而不知道該從何下手，也不知道何時可以鬆口氣，甚至感覺自己似乎無法休息。

這樣一來，就給了同一個補習班的好友帶來困擾。我就讀的補習班定期會依照大家的考試成績來排座位順序，成績好的同學就能往前坐。數學很好的小里一直坐在離我很遙遠的前方，我總是看著小里的背影，拚命的念數學。一到週末，我都會打電話叨擾小里要她教我數學。

多虧了小里，我才有辦法進入前段班學習，但我的數學成績始終拉不起來，就這樣，我和小里在補習班一直相伴到大學入學考試前。

4 高一時遇見岡瓦那大陸的恐龍

後來，我進入日本女子大學的附屬高中就讀。這是日本第一所，以女性教育為目標的高等教育機關，所設立的日本女子大學附屬高中。

當時，附屬高中裡約有九成的學生會經由內部推甄上日本女子大學，因此學校內那股從大學考試的升學壓力中釋放，自由自在的校風，令我十分喜愛。不過這也表示，和一般升學型的學校相比，我就讀的學校授課進度相對緩慢。因此，如果想要就讀日本女子大學之外的大學，最好盡早將自己的心態調整到升學模式比較好。最晚高二一開學就要決定、或是高一結束前就訂好自己的目標是比較理想的。

相對於國中生活，高中生的行動範圍更廣，能玩、能學習新事物的機會也更多，不僅如此，高中生的皮膚還相當水潤緊緻，富有彈性，對於不怎樣的事情也能覺得有趣得要命，正是「人生中最美好的時光」。如果可以，我根本不想去參加什麼大學入學考試。因此，將日本女子大學當作升

學的第一選擇是再自然不過的事情了。日本女子大學有理學院，其中有物質生物科學系。如果在這個科系就能鑽研恐龍或古生物，那麼就不用特地去準備大學入學考試了。

所以至此，有兩件不得不思考的事情。

「就讀物質生物科學系，可以成為恐龍博士嗎？」

「以及，我真的、真的，大學想要念古生物學嗎？」

為了知道自己真正的心意到什麼程度，我前往上野。正好那一年的夏天，科博館有「大恐龍展～消失的岡瓦納大陸統治者」的展覽。來這裡接觸最新研究成果的話，或許就能試著具體想像自己究竟是喜歡當個「觀賞者」，或是想要投身下去做個「研究者」。

現今的科博館是由日本館和地球館兩棟建築物所組成，設有常設展和特展，特展通常會利用地球館地下一樓的部分空間展示。不過在當時，地球館才剛蓋好，就連常設展都還沒進駐，因此大恐龍展是借用常設展在日本館的展示空間來舉行。

光是搭乘電梯，我的心就因為過度興奮而「怦怦怦」跳個不停，接著一踏進展示大廳，那些躍入眼簾、第一次見到的恐龍令我感到無比震撼！這展覽中有很多恐龍我已經透過圖鑑認識，但也有很多是首度聽到名字，像是鯊齒龍、非洲獵龍之類的恐龍。

「岡瓦納大陸」是指曾經存在於南半球的超級大陸，包含了現今的非洲大陸、南美洲大陸、印度、澳洲和南極等，是一塊超大型的陸塊，在恐龍時代的中生代侏羅紀後期形成。在那之前，整個地球上的陸地是一塊超級大陸，稱為磐古大陸。後來磐古大陸分裂成南北兩塊，北方的大陸叫做勞亞大陸，南方的就是岡瓦納大陸。岡瓦納大陸上的恐龍和勞亞大陸上的恐龍沒有交流，各自獨立演化。

當時，我所熟悉的恐龍，是圖鑑上那些生存在包含現今歐美各國的勞亞大陸上的恐龍，而岡瓦納大陸上的恐龍對我而言則是全然未知的世界。

侏羅紀：地質年代中，中生代三個紀中的一個。距今約2億100萬年～1億4500萬年前。

「就像大冒險一樣，我還有很多研究想去探索！」

我明白這世界上仍有許多我不了解的事物，但其中我最想要的還是去鑽研古生物。

答案浮現了。

問題是，要去什麼學校才能夠專精古生物學的知識呢？如果留在日本女子大學，有可能成為古生物學家嗎？這是需要先解決的疑問。

科博館的志工推薦當天館內的「朋友會」活動，加入會員的話，不僅可以知道大恐龍展相關的活動和情報，也能參加科博館老師所舉行的見面會。到時候就可以在會後詢問老師升學相關的事情，得到相關建議。為了把握機會，我立刻報名這次大恐龍展的指導者富田幸光老師的見面會。

然而事與願違，現場參與的人太多，根本沒有讓小孩發問的機會，我只能以目光一直追著富田老師，結果就是什麼話也沒說到就回家了。媽媽察覺到我的失落，建議我直接寫信給老師。媽媽的這席話，成為改變我未來人生的轉捩點。

5 富田幸光老師的來信

我花了不少時間，終於寫好了信，小心翼翼的將信紙摺好，裝進信封裡。因為反覆修改，手都寫到腫起來了。我站在郵筒前，拿著信件的手謹慎的伸進郵筒中，輕輕的投下。

希望能收到回信，我衷心盼望。

傳真單

收件者：

日期：1998年9月22日

木村由莉 様

您好，

我已經閱讀你9月19日的來信。想要研究恐龍的人很多，其中你的熱情令我感動。但因為你才高一，因此打好基礎是非常重要的，請先將學校的課業放在最優先的位置。

關於未來，可以考慮去海外留學，但問題是何時去比較適合？曾經來找我討論的學生大約有五、六位，大部分都去了美國就讀，其中有兩個人已經拿到博士學位。

因為很多細節無法透過書信表達，想請問你是否願意來我的研究室一趟呢？

（中略）

因為我即將要前往美國，直到10月7日才會開始上班。因此請在那之後打電話來約時間，如果時間配合得上，我們可以約10月17日週六，或是平日你上完課，隨即來我的研究室也可以。

匆忙中，暫且回覆至此。

草々

富田幸光

6 決定了！請讓我去早稻田大學吧！

我記得似乎是一收到富田老師的傳真，立刻就打電話過去了。和老師約好等他從美國回來，七號的晚上七點再打電話約面談日。隨著約定的時間逼近，我開始緊張，心跳加速，為了平緩緊張的情緒，我深呼吸了好幾次，結果竟然錯過了七點打電話的時間！不管了，趕緊先撥電話，敲定了十月十七日下午兩點和老師見面。老師說，因為升學一事並非身為高中生的我能夠獨自決定，希望家長也一同參與。因此就由媽媽陪著我一起，去當時還位於新宿的科博館研究機構拜訪老師。

科博館的研究機構和博物館本身的氣氛截然不同，有種肅穆感。富田老師的研究室在長廊最深處，走廊兩側因為堆滿整理中的標本而顯得狹窄。為了怕影響這些標本，我連大氣都不敢喘一口的屏息通過。富田老師研究室的兩面牆滿滿的論文和書，原來把研究當作工作是這樣的感覺啊！

那天老師和我說的話，清楚易懂。

首先，日本女子大學並沒有學習古生物學的基礎學科——地球科學的環境，所以這一點得靠自己自修才行。並不是說因此就不能去念古生物的研究所，只是會很辛苦。

其次，如果想要考慮日本女子大學以外的學校，有幾個選擇：東京大學、早稻田大學、愛知教育大學和鹿兒島大學。實際上，要去哪所大學專攻自己有興趣的學科，取決於那所學校有沒有該領域的老師在那裡設置實驗室，如果那位老師離職或退休了，該領域或是實驗室可能後繼無人。就像以前有在研究新生代第四紀哺乳類化石的愛知教育大學，或是以非洲的哺乳類化石為研究對象的鹿兒島大學，現在都已經不是想要念脊椎動物化石的人會列為首選的學校。反而是後來興起，在我高中時候還無法當成選項的大學，現在卻有了古脊椎動物的研究室，如北海道大學和筑波大學，以恐龍及海生哺乳類化石的研究基地自居，發表了許多有趣的研究成果。

當時十五歲的我沒有想過要離開家獨自一人生活，因此自然只考慮可

第四紀：新生代是接在古生代、中生代之後最新的地質年代。新生代又區分成三個紀，而第四紀是當中的最後一紀，時間約是258萬年前～現在。

以從家裡通勤的學校，也就是東京大學和早稻田大學。因此富田先生又接著以這兩所學校為主繼續分析。

早稻田大學教育學部雖然有以菊石、疊瓦蛤等白堊紀海中生物為對象的古生物研究室，但並沒有古脊椎動物的研究者，那為什麼老師會推薦早稻田大學呢？富田老師舉了兩個理由。首先，富田老師察覺我的性情，應該會和早稻田大學的菊石研究專家平野弘道老師的指導很合得來；第二，就算在早稻田大學沒辦法學習到骨科相關的知識，但因為科博館的新宿分館就在早稻田大學的附近，在課業中間的空檔，可以來富田老師的研究室學習骨科相關知識，這就是老師的想法。

老師問我：「你可以考上早稻田大學嗎？」我回答：「我會考上的!!」如果能考上早稻田大學的話，離夢想實現就更近了。像這樣一下子就有明確的目標，我覺得非常開心。

「為了考上早稻田大學，我決定去補習班衝刺!!」

回到家之後，為了怕忘記今天所講的，我將和老師談話所記錄的小抄仔細的謄寫在筆記上，再加入老師所給我的名片，我還將一些剪報資料整理歸檔。當然，老師所傳真來的信件也要放入。現在我能將二十多年前的事情詳細的寫下來，多虧了自己當初的整理。那封傳真信，因為是用感光紙，文字的墨色會逐漸變淡，現在幾乎無法判讀上面的文字，幸好那時媽媽建議我先去影印下來。這些整理資料是我一生的寶物，如今也好好的放在研究室最容易拿取的地方。

另外說件有趣的事，我的爸爸是在一般企業上班的普通上班族。自從我決定要考早稻田大學開始，他就深陷在「學費地獄」一裡。有好一段時間，他的薪資不足以供應我們全家生活，只好一直動用存款。為了開源，父親心一橫開始拚命工作，之後，父親竟然升遷上家人之前都無法想像的職位。

這個時候電子郵件尚未普及，因此無論是數據或紙本都有可能會消失，所以重要的資料得妥善保存才行。

7 以附屬中學身分應試

好了，既然已經決定要走的道路，勝負就從這裡開始！

和以升學為第一目標的升學型學校不同，附屬中學是按照課程計畫正常教學——這樣說可能有點怪，如果只按照附屬中學的進度準備，會趕不上大學考試。雖然現在才高一快結束，與其他升學型學校的學生進度落差還不大，但我仍感到擔憂。不過，查了一下有古生物學專科的早稻田大學教育學部理學科需要的入學科目測驗後，似乎看到一線曙光。和國立大學入學中心考試不一樣的地方是，必考科目只有數學、英文和理科（物理、化學、生物、地球科學中選考一科）三科而已。也就是說，只要有三個科目能追上升學型學校的進度就好，這樣一來就感覺似乎做得到。

因為不考慮早稻田之外的學校，所以決定去最符合需求的城南升學補習班補習。同時兼顧學校和補習班的課程的確有時會很辛苦，但直到高二我都還能應付得來，不曾拒絕過朋友的邀約。一邊上著學校的課程，一邊

大學入學中心考試：2020年之前，日本的大學入學考試採取一年兩次的考試制度，第一次考試是由大學入學中心統一舉辦的測試，判別考生是否具有大學基本學習之能力；然後考生再參加各大學科系自辦的單獨招生之第二次考試。但有些私立大學例如早稻田大學，則通常舉辦獨立招生，考試方法另有不同。

參加外部的考試，實在是相當可貴的機會，即使當時仍是個孩子的我也明白這一點。

不過，當高中生活只剩下一年，我感覺負擔越來越沉重。

因為大部分的同學都是採取內部升學，四月時就會名正言順自動成為東京目白區的女子大學學生，因此大家都在享受最後的高中時光，而我卻要至少等到二月才會確認自己的未來去向，這對當時我那十七、八歲的敏感心靈而言，實在是難以承受。

其中，印象最深刻的是修學旅行。大部分升學型學校的修學旅行是在高二的時候進行，但是日本女子大學附屬高中在高二時有另外的夜宿活動，而修學旅行則是到三年級才會實施。那個時候，補習班正在準備全力衝刺大學考試，如果缺席一週，將可能跟不上授課進度。和好友一起的住宿旅行雖然很開心，但我總顯得心不在焉。後來回看當時的相片，發現每張照片上的我都有著不安的神情。

因為不想缺席原本就不拿手的數學課，週六搭新幹線回來的那天，我在新橫濱站下車，直接去位於町田的補習班。從補習班下課回到家時，已經超過晚上十點了，看到來接我的溫柔母親，突然感到我既聽不懂今天上課的內容，期待很久的修學旅行也沒有好好的玩，究竟為什麼要為了古生物學把自己逼到這個地步呢？許多複雜的情緒讓我突然嚎啕大哭，連自己都嚇了一大跳。

之後，我對學校和補習班所灌注的精力慢慢的反轉。為了升學，我每天念書念到深夜，導致第二天早上起不來，如果只有稍微遲到都還算好，但有時甚至到第二節課結束才到學校。好不容易撐過了暑期輔導，此時距離高中生活只剩下半年，漸漸的連去學校也覺得麻煩，出勤天數岌岌可危。當發現自己就連第二節下課都趕不到學校，因為補習班和學校在不同的方向，我就選擇直接去補習班的自習室。如此一來，考科之外的在校成績當然一落千丈。

即便如此，我卻沒有任何紅字的順利畢業了，這都要歸功於朋友所印

修學旅行：修學旅行是日本傳統的中小學校活動，由老師帶領學生以學習為目的進行含有夜宿的集體活動。

給我的課堂筆記，或是為了考試複習，傳真給我他所整理的課堂內容；而父母親則是對於我遲到、甚至蹺課去補習班自習的事，選擇睜一隻眼閉一隻眼；至於學校的老師，在記憶中不曾因此對我生氣，溫暖的守護著我。我不擅長競爭，但能這樣持續為了大學考試而努力念書，都是多虧了能無後顧之憂的在補習班和學校間自由切換。如果今日我是就讀升學型的學校，可能早就在半途崩潰放棄了吧！

8 無法拉高的數學成績

無論再怎麼努力，數學始終是我難以跨越的障礙。就算上課時懂得公式的涵意，卻無法應用這些公式解題。如果能看懂詳解推導的話也還好，但有時就連詳解也完全看不懂。在分班測驗中，我勉強擠進了前段班，可是對我而言，要應付早稻田大學和慶應大學的升學課程仍非常困難。

學校放學後我總是馬上趕往補習班，直到上課前一直待在自習室裡複習前一週的課程，然後再去教室上課。儘管每週如此，我的偏差值卻一直無法提升，這表示周圍的人也以同樣的速度在進步。我用自己的方法一直努力，感覺已經到了極限，似乎無論怎麼做，都無法跨越可以進入早稻田大學的門檻。

另一方面，我對英文考科的難易度倒是能輕鬆面對，因為當初有閱讀《侏羅紀公園》原文小說的動機，所以覺得學習英文是很愉快的事，而且英文文法對我而言就像是益智遊戲一樣的有趣，英文的解題也不會像國文那樣困難，所以不曾擔心考試所帶來的壓力。相較於需要提振精神才能打開教科書的數學，真是天壤之別。雖然遠遠比不上全國模擬考的前十大高手，但是在補習班的公布欄上倒是能常見到自己的名字。

只是，比起文科，一般理科的英文測驗難度要低得多，也就是說，擅長英文這件事對理科的考試而言並不占有優勢。

偏差值：簡單的說，偏差值是日本高中職學生學力的參考值，偏差值越高，則成績排名越前面。

「如果是以這樣的英文成績，或許有成功的機會唷！」

補習班的升學顧問這番出乎意料之外的話，撐住了我那岌岌可危脆弱的心靈。據說隸屬於早稻田大學教育學部的理學科，視英文為教育學部的共同考科，所以難易度和文科並駕齊驅，也就是說，多數的理科學生會在此處失分。而且，理科的選考科目和理工學部的選考科目數不同，只有一科而已，所以可以避開同樣涉及數學計算能力的物理科不考。這樣的話，由於早稻田大學是採綜合計分，並沒有設定各科的最低門檻分數，因此在數學（和物理）科失去的分數，說不定可以用拿手的英文去補救。

我很早就知道，凡事不一定都要追求完美，只要能利用長處去彌補短處即可，這對後來考大學而言是很好的策略。同時這個觀念，也可以用在研究環境裡的人際關係上，至今對我仍是很重要的價值觀。

9 大學落榜

早稻田大學地球科學專科的考試滿分是一百五十分（各科目占五十分），最低門檻是一百分。往年考生的錄取率是八人中取一人，也就是以自己為中心，我必須在右邊四人、左邊三人的成績中脫穎而出才有可能錄取，這個障礙非常高。

數學有四大題，其中最重要的是高中數學Ⅲ和數學C中的微積分與極限這兩個內容。按照過去寫考古題的經驗，對我而言，如果能解答一半的問題就很不錯了，但大多時候連一半都完成不了。

補習班的升學顧問以此為前提，建議我運用自己的優勢去取得錄取。換句話說，假設數學只拿到百分之三十的成績，但是英文能得到百分之九十、化學得到百分之八十，就有可能以最低分數低空飛過錄取門檻。只要能合格，最低分合格也是合格。

話雖如此，但現實是很嚴峻的，無論是英文或是化學，我只能確保自己至少可以拿到百分之七十的成績，但想要更高的分數，就要看當時的狀況，成績起起伏伏是常有的事。事實上，依據模擬考的錄取判斷，成績大概介於D或是C之間，這讓我感覺自己應該無法通過入學考試。考試日期已迫在眉睫，每天讀書的時間越來越長，入秋之後，除了吃飯睡覺，基本上都在念書。我察覺自己無論是學習能力或是讀書的體力都已經到達極限，但是我只有一次機會能追求古生物學，而我唯一想念的學校就只有早稻田大學而已。

二月。終於到了考試當日。

關鍵是，如果數學能夠拿到百分之五十，其他的就可以交給英文和化學成績去應付。我以接力賽的概念去面對考試，一科解決完了再交棒給下一科。考試的順序我記得是先化學，再來英文，最後考數學。考化學時，因為太過緊張，時間沒有分配好，最後有幾個問題沒有

完成。英文的話，我覺得應該考得還不錯。這樣的話，估算化學百分之七十、英文百分之八十應該是比較保險的，如此一來想要合格，數學非得要拿到百分之五十才行。

我戰戰兢兢打開數學試卷，先大致看一下題目，第三題的黎曼和問題我感覺完全解不出來，第四題的難度也相當高，可能亦無法應付。都還沒開始真正解題我就陷入恐慌，等到稍微冷靜後開始應考，只是數學的高牆仍然四處豎立。兩小時的考試時間還剩下不少，感覺特別漫長。我最終還是無法拿到百分之五十的成績。一切結束了。

答案卷收回的時候，我咬著嘴脣，努力不讓自己哭出來，但從考場出來後看見陪考的媽媽，就放聲哭了。

「我沒有做到。」

媽媽說：「先去吃飯吧！」就帶我去新宿的中村屋。吃完飯心情也稍稍平復後，「妳已經很努力了！」安慰我的媽媽話才說完，兩人都哭成一團。之後，我接到電話，結果是沒錄取。

10 驚天動地的大逆轉

雖然沒考上早稻田大學是意料中事，但畢竟認真努力了兩年多，從電話的制式語音中聽到落榜的消息還是非常難過。在我情緒低落時為我加油打氣的好友，總是支持著我，讓我感覺能參與大學考試仍是一件幸運的事情。自從一心想要進去的早稻田大學落榜後，我決定去原本將外部入學考試當作練習的日本女子大學就讀。我也直接去跟曾經幫助我決定未來道路的富田老師報告我的狀況。老師溫暖的說因為日本女子大學離科博館的新宿分館並不遠，想要讀古生物時，隨時都可以來研究室。那種一點都不客套的語氣，讓我覺得安心，這下我開始期待去日本女子大學上學了。

高中生活最後的活動結束在音樂祭，緊接著就是畢業典禮，典禮完的第二天，我和好友一起到美國洛杉磯去畢業旅行。

我是在剛到美國的那天晚上，在旅館裡得知消息的。

我們在外面玩了一會兒，晚上回到飯店時，突然電話好像算準了一樣響了起來。「欸、是從哪裡打來的電話啊？」好友邊猜想，邊跑向電話，拿起了話筒：「Hello……是、是、您好。」那個時候，我想我還站在房間門口。接著「是嗎？真的嗎！」好友的聲音突然轉為哭腔，不安的再次詢問對方。平日裡總是冷靜沉著的好友突然變得情感豐沛，我立刻意識到這是一通非比尋常的電話。然後，她拿離話筒面向著我，無聲喊道：

「由莉、錄取了！早稻田、錄取早稻田了！」

我聽得清清楚楚。

我錄取早稻田大學了!?

不可能的，早稻田大學不可能會有候補上的人。

因為早稻田大學原本就會錄取比預計人數還要多的學生，是因為有些人可能會在考上東京大學之類非常難入學的學校後而不來報到，這樣才能確保有一定的入學人數。

不過，也有例外情況，那就是沒來報到的學生太多而不得不追加錄取名單。從早稻田大學的赤本裡可以得知發生頻率為「全部的學部合起來大約四年一次，而一次只會有一個學部」，是這樣極為特殊的事。

打電話來的是媽媽。她收到早稻田大學的事務室寄來的追加錄取通知，我們把電話的音量放到最大，一邊和媽媽講話，大家也一邊高興的哭了，這是我和好友在洛杉磯的最好慶祝。

二〇〇一年那年，地球科學專科的考生有一千一百一十五名。最後包含追加錄取者總共錄取了一百一十九名，錄取率約為百分之十。二〇〇〇

赤本：日本各大學的歷屆升學考題，一般為紅色封面，故稱為赤本（紅皮書），頁47的插圖即為赤本。

年開始的五年間，早稻田大學只有二〇〇一年的教育學部有追加錄取者，就是我考試的那一年。隸屬於教育學部的十個專科中，只有五個專科有追加錄取，而我成功的被錄取了其中一個。

媽媽為了要告訴我這個消息，打了好多次電話到飯店裡。那個時候去國外，是無法打手機聯絡的，所以媽媽多次麻煩國際電話接線生幫忙轉接電話。媽媽是我的後援會會長，總是適時的給

我和高中時候的好友，在我就讀博士班前一起到電影《侏羅紀公園》（1993）的外景拍攝地，美國夏威夷歐胡島的古蘭尼牧場。筆者為前排左側數來第二位。

我最需要的鼓勵，而我的朋友也給了我非常大的力量。

幸運的入學考試結出了甜美的果實，我即將迎來學習古生物的日子。

第2章 恐龍引領我前行

1 從吊車尾開始一步步向前的四年間

終於到了學習古生物的起點了。為了踏出這第一步，我已經竭盡最大的努力。如果這個考試和我的程度相當，或許我會從中得到更多樂趣，但事實並非如此，因此才會這麼辛苦。無論如何，我已經來到這裡了。

教室在陳舊但很有大學獨特威嚴的六號館內，轉動門把時我的手因為緊張而顫抖。地球科學專科的規模較小，一個年級約有四十人，感覺像是高中教室一樣可以看到同學的臉。在班上的同學之中，我是吊車尾進來的，所以必須要比別人更多一倍的努力才行。

大學的授課和高中之前的授課方式不同，並非是以學生好理解為目的。老師會介紹這個領域所需要的必須知識，至於如何吸收知識則是學生的事了。

地球科學的有趣之處在於，在課堂上的學習只是打下基礎而已，而真正的學習則是從戶外（野外）開始。像是地層的方向或傾斜，在課堂上學習感覺很簡單，但實際走到野外，對於「到底該從哪開始測量才好」毫無頭緒。以火山灰做為線索，觀察現在所見是哪一種地層，一邊走路一邊測量地層的方向以及傾斜的角度，再將這些觀測結果寫在地圖上，就漸漸化為地質圖的基礎——路線圖。大自然成為野外的實習場域，從這裡可以想像自己成為古生物學家的模樣。

出野外時，最期待的是享受渾身是泥後的泡溫泉，以及品嘗這塊土地上美味的食物。老師和學長姐都樂在其中，可以見到他們私底下的一面。雖然是學習，但很像在玩。在遊玩中累積經驗，學習到一個又一個的知識，灌注在頭腦裡。等到從野外回來後回到課堂，更加容易了解教科書的內容。我體會到在這個領域裡，實地經驗比什麼都重要。

幸運的是，早稻田大學有很多學長姐喜歡到現場，因此除了課業的實習，我也有和學長姐一起出野外的機會。看到學長姐所使用的工具，我會想「就用下次打工的錢來買吧！」也會想要考駕照，自己開車去很多地方，這也是受到學長姐的影響，這些都是從教科書中無法得到的經驗。接著，因為確認自己想要更專

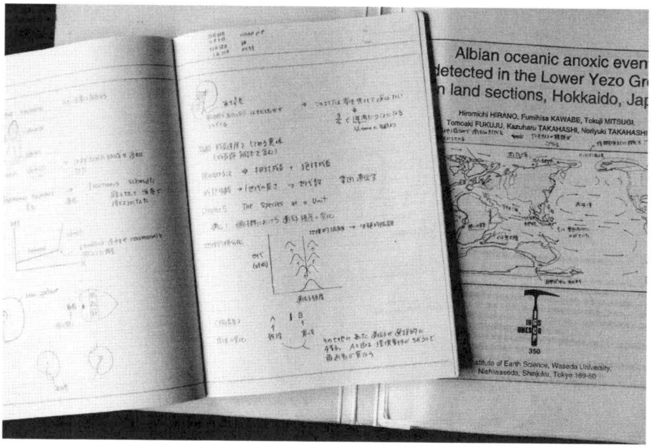

這是我上平野弘道老師的「古生物學」課時的筆記，看起來就像是個菊石研究室的學生。

精古生物學領域，我的大學成績也因此大幅提升，順利進入研究古生物的平野研究室。

野外研究至今仍不是我的強項，但它是我在研究古生物中最喜愛的時光之一。

2 科博館的迷惑龍

一進大學，我就開始人生的第一份打工。

這裡是高中時拜訪了無數次的科博館新宿分館。我站在門前看著鈴木雙葉龍的浮雕，對於粗枝大葉的我是否能勝任富田老師的助手，心裡實在感到不安，但又很開心身為大學生的我可以來到這裡。

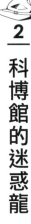

我填寫履歷表，記錄指定的文件，成為了沒有經驗的大學生助理。我的工作是替老師到圖書館印論文，以及為了能查詢論文去登錄資料庫，這些是我的主要工作。富田老師對列印稿非常要求，列印出來的文件行列都得要和紙的邊緣平行，也就是不能歪，而且釘書針必須對準基準線，一旦稍有偏差，就得再釘一次。

當時我對於釘書針的位置完全不在意，那時才剛開始工作，還沒有體認到工作應該要持有的責任感，現在想起來，我真是一個完全不及格的助理。不過即使是那樣的我，也能感覺到富田老師並非是為了減輕自己的工作負擔才雇用我，而是藉此讓我累積許多經驗，所以我不能夠讓

與其說你是來「打工」的，倒不如說你是我們工作上的好「夥伴」，值得全面信賴唷！
我在這裡已經打工三年了，這裡不僅需要運用古生物的專門知識，也可以看見自己努力的成果，是非常值得做的工作。

機會白白溜走。在打工的日子裡我一定會豎耳恭聽老師的話，不對，即使不豎耳也自然能聽得到，因為老師音量太大了。

在我大一快結束的時候，英國劍橋大學的保羅・阿普徹奇（Paul Upchurch）教授和牛津大學的保羅・巴瑞特（Paul Barrett）老師相偕來日本參訪（此為兩位研究員當時所屬的單位）。當時科博館的地球館地下一樓所展示的迷惑龍，是由單個個體的實物化石所組成的，具有很高的學術價值，因此館方邀請海外最頂級的研究員前來和科博館的老師共同研究。這是能親眼目睹第一線研究的最佳機會，我很幸運的可以參與其中。

在古生物的研究裡，記載從四面八方觀察單一骨頭的狀態是很重要的事。現場由富田老師指揮，將骨化

迷惑龍

記載：觀察骨頭的形態，並描述成為該物種的特徵形態。

石以解剖學上的方式固定住（前面、後面、背面、側面等），再由攝影師拍攝骨頭的照片，照相機的快門聲輕快且富有節奏，而一旁阿普徹奇老師等正進行骨頭觀察。科博館真鍋真老師研究室裡東京大學碩士班的研究生也來幫忙、進行輔助工作。

阿普徹奇老師的視力相當不好，就連電腦螢幕上已經放大的文字，都要湊很近才能閱讀。但憑著這樣的有限視野，阿普徹奇老師的形態觀察力和記述能力卻是古生物學家中的佼佼者，靠的是用手碰觸標本時的感覺來觀察形態。這點讓我深刻的體會到，有時運用手感會比用眼觀察，更能捕捉到情報。即使是保存狀態良好的化石，也可能會有缺損的地方，從那些殘缺或是變形的化石中，古生物學家能迅速判斷這是屬於身體的哪個部位、哪一面是朝向前方等。我也想成為這樣厲害的人。思考著這些事情，我後來便專心的整理這一天所拍攝的照片。

順帶一提，這位碩士生叫做大橋智之，現在是北九州市立生命之旅博物館的研究員。

3 挖掘恐龍和年輕時的小林快次

富山縣大山町教育委員會的藤田將人老師（現任富山市科學博物館）來訪時，我得知夏天將有在富山挖掘恐龍的計畫。為了該計畫，目前正在進行志工的招募。

「請問……可以雇用我嗎？」

打斷這群研究員的談話需要很大的勇氣，但很高興我這麼做了。於是那年夏天，我搭乘高速巴士前往富山。

富山市的東南邊是大山地區（舊大山町），在一億數千萬年前的地層裡發現了大量的恐龍化石。自一九九九年開始正式挖掘調查，直到二〇一八年為止，這項工程的指揮負責人是藤田老師。

從大學生到研究生，參與挖掘調查團的成員共有十幾位。我們一起吃著同一鍋飯，一起搭車到鎮上的澡堂去泡湯，晚上則是一起鋪床一起睡，就這樣共同生活了約一整個月，實在是很開心。

白天大家相互幫忙採掘，晚上則在睡前閒聊。有時候我們會討論將來的夢想，有時會聽聽學長姐所給的課業建議，還會笑那些喝醉酒人的醉姿。我們也會聽學長姐講那些研究恐龍足跡，或是恐龍蛋等地質調查的相關研究。我知道古生物的研究是一項團隊工作，是需要和夥伴一起努力經營的。

在挖掘現場，工作分為負責將岩石切割出來的最前線部隊，以及將切割出來後的岩石再分得更細碎、以免錯過任何小化石的後方部隊。分配到最前線部隊的學生總是到傍晚才精疲力竭的回來。我曾見過好幾次工作現場，這些人在炎熱的夏天裡從露頭的岩石表面做著具危險性的切割作業，難怪即便是體格良好的男性也會累得半死。

女性則負責後方部隊。用槌子和鑿子敲開岩石，仔細觀察露出的新表面，判斷當中是否有重要的化石。有時石炭化植物的碎片會出現閃光，令

露頭：地層露出的地方。

人感覺好像是牙齒化石，「啊！這會不會是牙齒？」然後開心的放到顯微鏡底下觀察：「唉唷！不是啦！」像這樣的事情總是不斷上演。有時候不小心敲到手，腫起來的血泡對她們來說，就像勳章一樣令人得意。漸漸的，大家學會了如何拿捏使用鑿子時的力道，並對鑿子鑿入岩石時所發出的深沉金屬聲音著迷不已。

在挖掘工程的休息日，大家前往福井縣的恐龍博物館。由於每個學生都想去，車子裡擠得跟沙丁魚似的。平常坐車會暈車的

富山縣的恐龍足跡化石群的露頭。富山市科學博物館內，有精巧的露頭複製品展示。照片中走在後方的是筆者。（攝影：吉富健一，2002年）

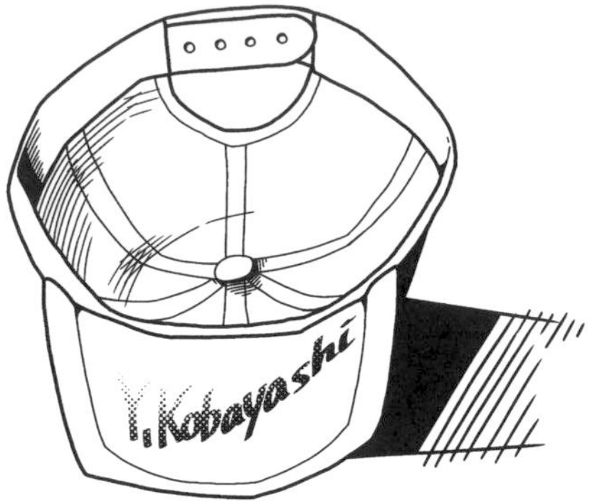

我，一想到可以去恐龍博覽會的後場，就興奮得不得了。因為，我想見一個人。當我進去研究員的辦公室，正在自我介紹的時候，有個身材很好的帥氣研究員從裡面出現了。

是小林快次老師!!

現在超有名的小林老師，當時還只是個年輕有為的研究員而已。不過，我常常聽富田老師說起小林老師從美國回來，正在做最先進的恐龍研究。富田老師的辦公室裡有張小林老師在戈壁沙漠挖掘的照片，所以我馬上就認出他來了。

我迅速摘下恐龍帽子，跑到小林快次老師的跟前。

「您好，初次見面，我是木村由莉。請幫我簽名。」

因為我的聲音很大，所以老師也簽了大大的名字。

一見到正在談論研究的小林先生，就立刻將他視為偶像。我將這頂帽緣寫著 Kobayashi 的帽子重新戴好戴正，回到恐龍挖掘的現場，用力的揮著槌子……可惜直到挖掘調查結束時，都沒有發現恐龍的化石。

恐龍挖掘是項艱苦的工作。

4 熱衷骨化石的學者群

科博館常會定期舉辦一些很厲害的講座，民眾可以直接向研究員學習專門知識。如果報名參加講座的人太多，就會進行抽選，即使沒有要求，很多報名者還是會在參加抽選的明信片上用小小的字寫滿參加動機。古生物學或是動物學的講座一直以來都非常熱門，我以前也曾經報名過，為了

Kobayashi：小林的日文念法。

增加被抽中的機率，在明信片的背面寫滿申請理由，還用螢光筆塗滿明信片的邊緣，讓它看起來更加華麗顯眼，並向上天祈求：「無論如何請抽中我的明信片吧！」

其中，想要研究骨化石的學生，一定要參加的是「古脊椎動物研究法講座」，這是一個將大學課程濃縮成三日的講座。科博館的老師每年輪流擔當講師，從以前開始這堂講座一直都是科博館的傳統課程。

當然，講師群也很熱情，但因為名額有限，只能有十多名參加者，幾乎都是將來想要研究骨化石的學生。他們正處於青春無邪的學生時代，透過講座成為志同道合的朋友，再後來，成了彼此間最緊密的夥伴，同時也是最大的競爭者。

當時在日本，幾乎沒有大學開設骨化石的課程，不過，有些大學或是博物館的老師，自願挪出自己的研究時間來教授骨化石。像是真鍋老師的非正式研討會、東京大學（當時）犬塚則久老師的骨研討會、為了古生物學生而召開的鱷魚解剖研討會之神奈川縣生命之星・地球博物館的樽創老師、屢屢邀請大家來千葉縣木更津市挖掘化石的千葉縣立中央博物館的伊左治鏡司老師。我想我就是在這個挖掘活動中，第一次遇見群馬縣立自然史博物館的高桒祐司老師。這群老師不僅讓我們進入博物館的後場，同時漸漸記得我們的名字。這些老師的老師，也就是研究鈴木雙葉龍的師祖長谷川善和老師，甚至還招待我們去他家吃火鍋。

就這樣，我從這位老師認識到另一位老師，由這個朋友引薦給另一個朋友，結果，竟然有機會以幕後人員的身分參加了大型的恐龍活動。這是在二〇〇二年夏天於幕張展覽館舉辦的「世界最大的恐龍博二〇〇二」。當時我是大二的學生。

那時，這個博覽會因為展出從國外引進的巨大蜥腳類中的地震龍而引起話題，彷彿是一九九〇年的大恐龍博覽會一樣，同時也設計了專門清修恐龍化石的展間。還記得當時身為小學生的我，就是因為觀看了化石清修才湧起對恐龍的熱情。這一回在同樣的會場所設計的清修展間，一樣是將暴龍的化石從母岩中挖掘出來。看他們戴著口罩與防噪耳罩，小心翼翼的用機械慢慢的打磨，不禁令我懷念起當年也曾想要試試看的心情。

這個吸引了一百萬人次以上的恐龍迷和古生物迷的展覽會，我能夠作為工作人員參與其中已經很厲害了，更令人興奮的是竟然還能兼職負責清修化石。這個專業的清修團隊是由熊本縣御所浦白堊紀資料館的老師所主導的團隊，集結了擁有從堅硬的岩石

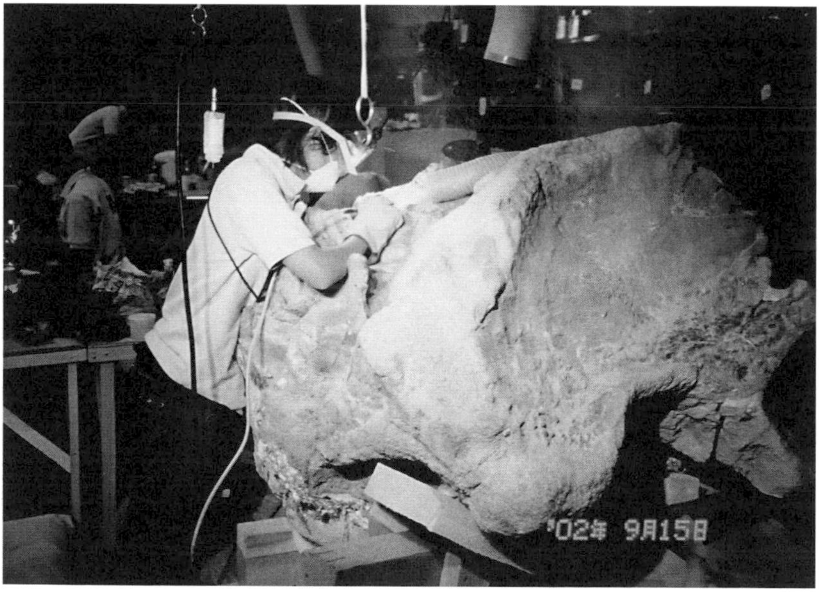

2002年的恐龍博覽會，正在進行地震龍的骨盆清修工作的筆者。大恐龍博'90同樣在千葉縣幕張展覽館舉辦，感覺時間如夢一般的流逝。

中挖掘出化石並清理經驗的大學生或研究生。工作的內容是，用電動雕刻筆從母岩中取出地震龍的骨盆和御所浦層群鳥腳類化石。

化石的清修工作，會根據化石所在的母岩硬度而有不同的清理方式。如果是位於還沒有凝固的新地層，可能用牙刷就可以取出化石了；但如果是已經凝固的地層，就要用雕刻刀，或是前端設有刀刃、以壓縮空氣振動的電動雕刻筆，將母岩慢慢削成小小的碎片再用風吹走。地層就像千層酥般一層一層的堆疊，而沿著層面（也就是千層酥的每一層）的部位則容易剝落，因此使用電動雕刻筆時要從高角度的地方鑽進母岩，使化石周圍的母岩輕輕的沿著層面剝落。這樣的工作再配上防塵口罩和防噪耳罩，整體看起來很厲害，絕對值得成為展覽的一部分。

因為我沒有使用電動雕刻筆清修化石的經驗，所以剛開始時非常緊張，不過身旁都

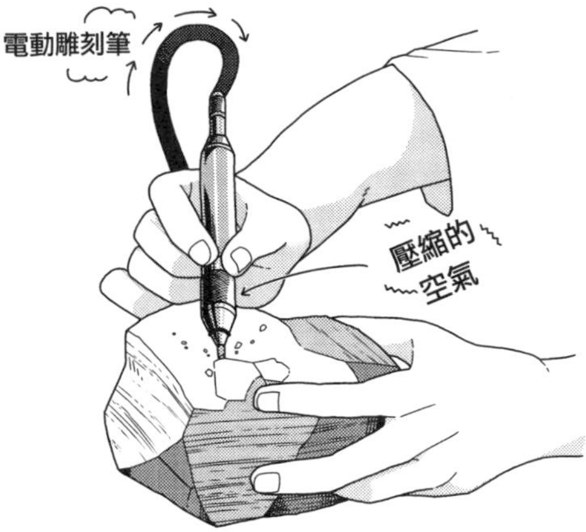

是使用經驗豐富的人，被他們實地訓練進而累積經驗，對我而言是非常難能可貴的經歷。

此外，那時被稱為地震龍的恐龍，其實並不存在，目前主流認為這應該是梁龍的一種。

因為在恐龍博二〇〇二的清修工作之後，發現當時被認為是地震龍特徵，事實上只是母岩的一部分而非骨頭。在現場經歷了這個來自實驗室的「真實發現」，引發了我對參與研究工作的渴望，進而成為了我的目標。

年輕時能在大學時期和擁有同樣目標的朋友切磋琢磨，並且遇到，除了大學的導師，還有其他願意教導骨化石知識的老師，這都是我身為古生物學家的人生裡值得驕傲的事情之一。

地震龍：當時展覽的地震龍，現在位於北九州市立生命之旅博物館中常態展出。

5 和同樣是侏羅紀公園世代的人相遇 -1-

大學時期的我在博物館的講座等地方遇到同世代的學生，大多和我一樣都是在中、小學時，因為受到電影《侏羅紀公園》的感動，決心將來要成為恐龍博士。這些人在現今日本的恐龍學、古脊椎動物學中嶄露頭角，成為優秀的研究員，可稱為是「侏羅紀公園世代」。

這世代的研究員對於長年一直爭論不休的三角龍站立姿勢有新的見解、從足跡化石中分析出主龍類的步行姿勢、透過骨頭碎片調查劍龍類的生長、復原了鳥腳類的食性以及包括鳥類在內的恐龍呼吸系統、精確的調查現生鹿類的地理變遷並應用在滅絕動物身上，還有奠定對日本當地脊椎動物化石的演化史而言重要的新種……光是列舉這些研究成果就足以顯示這群人的優秀表現。

當時幾乎沒有大學可以學到恐龍或是古脊椎動物知識，因此大家都是拚命的尋找學習機會，而博物館的講座，對這些學生而言就是希望之地。

因為目標相同所以有共通話題，即便不是念同一所大學，或不是同一個年級，卻能聚在一起自在的聊天。講座後換到咖啡店或是居酒屋等繼續談論交流恐龍或是骨學的話題，如果得知哪裡有古脊椎動物的學習機會，也會互相告知。

事實上，這些人大多都是東京大學的學生，在真鍋老師的指導下，開始深入研究恐龍。他們真不虧是能考上東京大學的猛將，在當時就已經非常優秀。我被這群人深深震撼，重新檢視自己未來的道路，不過這段故事在之後的章節會再說明。

當然，這個侏羅紀公園世代，也有優秀程度毫不遜色於「東大幫」的「非東大幫」學生。例如日本大學的林昭次（現任岡山理科大學）、千葉大學的村上瑞季（現任秀明大學）。現今林先生的研究是就骨頭的斷面構造以及骨質的密度，探查個體的生長或是適應水下環境的程度。而村上先生則是研究鯨類的系統以及演化適應。這樣優秀的學者，可能也曾有「因為不是東京大學的學生，因此對於未來的學術之路感到迷惘」的想法吧！

學術界的世界是很嚴苛的，有其特殊的地方，但正因為在十多歲的時候遇到了這些朋友，讓我在學業和研究上遇到困難時也能撐下去。

從那之後多年過去了，至今還是有朋友親暱的稱我為「由莉」、「由莉醬」，這是我無可取代的珍貴財富。希望將來即使白頭髮變多了、臉上皺紋加深了，也可以這樣的繼續叫我。

貢獻恐龍博2002青春一景的筆者（正中間）。防塵口罩是我們的特色。照片中筆者左側的是村上瑞季先生，右邊則是恐龍君。

系統：由共同的祖先演化出不同的後代所組成的群體。

6 和同樣是侏羅紀公園世代的人相遇 -2-

著迷於《侏羅紀公園》的孩子，並不是每個都想要成為恐龍博士。就算曾有過熱情，在漸漸長成大人的過程中，對於恐龍或是其他古生物的興趣也可能會自然冷卻下來；或是在上大學之前將之轉成興趣而已；就算最後在大學時專攻恐龍研究，也可能因為其他的興趣湧現，而走上不同人生的分岔路。

最後最後，如果仍選擇走「恐龍」的這條道路，我想在下一個路口，應該會有一條路立著「恐龍研究」的看板，另一條路則立上「研究之外的恐龍大小事」的看板。

在侏羅紀公園世代裡，想跟各位介紹走上「研究之外的恐龍大小事」道路的兩位。

第一位是恐龍君。他是位專業的恐龍科學傳播者，同時活躍在兒童界，因此喜歡恐龍的孩子或許已經知道這個人。之前介紹過的二〇〇二年恐龍博覽會中一起清修化石的其中一位學生，就是當時就讀於加拿大亞伯達大學的恐龍君。

所謂的科學傳播者，就是從事將科學的成果這樣專業且複雜的知識，以有趣、易懂的方式重新演繹，向一般人傳播科學魅力和重要性的人，也是作為科學家和一般民眾之間的橋梁，例如將論文研究這種令人難以費解的文章，轉成小孩都能理解的內容。這些人的角色並非只是為了教育，眼光放長遠一點來看，更重要的是讓大眾了解科學的重要性，使科學家獲得更多人對研究的理解和支持，在美國甚至還有「科學傳播」碩士學位的存在。可惜的是，日本對此的認知還很低，不容易成為穩定的工作，但是恐龍君卻靠自己開拓出科學傳播的路。

「恐龍來了唷！」這個有名的廣告金句是來自古生物科學公司，而在此工作的是我的好友小舞。這公司的服務項目從化石或化石複製品販售，以及化石標本的組裝、運送和展示都有，所以幾乎國內所有博物館的古生物標本，或多或少都曾經和這家公司合作過，當然科博館也不例外。

我和小舞因為喜歡恐龍而成為好朋友，而且我們還同時參加一個聚集了恐龍迷，給社會人士參加的恐龍俱樂部，因此會員編號是相連的。我們十幾歲的時候就認識了，後來知道小舞進這家公司工作，我非常開心。

現在我在這恐龍俱樂部裡只是一名幽靈會員，俱樂部裡的大家卻一直支持著我。在俱樂部創立三十週年的紀念講座上，還邀請我以一名學者的身分回來，令我感慨萬千。

幸運的是，我雖然走上了「恐龍研究」，而非「研究之外的恐龍大小事」這條路，但仍有和這群非研究員的恐龍迷共事的機會。雖然這兩條道路有所分歧，卻又在某些地方再次交匯。

第3章

如何成為古生物學家的建議（升學就業指導）

我對於不停的講著自己經歷，而把讀者放在一旁置之不理的行為，實在感到不安。暫且先停在這裡，我想先說明一下研究工作是什麼？在追求目標的道路上又會遇到什麼？我會依據自己的經驗和想法來統整，給予一些求學或就業上的建議，如果這對你能有所幫助，我會非常高興。

1 給中小學生的建議

將來有志成為恐龍博士或是古生物學家的人，請先記住讀書是很重要的。對研究員來說，讀書就像是運動員的基礎訓練，足球選手能夠在九十分鐘的比賽中為了競爭而全力衝刺，靠的就是基礎訓練。對古生物學家而言，學習各科目就像足球選手的基礎訓練一樣。學校的學科都很重要，但是要排序的話，以我而言是算術和數學↓英文↓自然科學↓國文↓社會。

我自幼就不擅長算數，自然到了國高中就苦於數學，即使再怎麼努力，成績也無法提高，這點真的讓我很挫折！但因為有夢想，我不能就此放棄，即便現在我已經成為古生物學家，數學依然是我的弱點。不過，我想告訴各位的是，若從現在開始努力念書，有機會可以改變未來，因為只要認真學習，就能夠拓寬未來的可能性。

2 給高中生的建議

如果到了高中，還是想成為恐龍的研究員，或是古生物學家的話，接下來就要選擇有地球科學系領域（地質學、岩石學、古生物學等）的大學比較好。

古生物學這門學科，大致可以分為地質學、生物學和數理工學這三大相關領域。因此，如果想要朝生物領域專研的話，其實可以不用修地球科學系的課程，而是選擇研讀生物學、動物學方向就好。建議各位在大學時盡可能先廣泛涉獵各學科，等到研究所開始再專研古生物學即可。以此為前提，讀大學時先去參加古生物學會認識化石方面的專家，我覺得這會對未來有幫助。

此外，大家常常搞混古生物學和考古學，但這兩者分別屬於理科和文科兩大領域。雖然在研究上很多時候會運用相同的技術，但是考古學是研究人類過去生活時期，埋在地下的文物以及同時期發現的動物，屬於文科領域；而古生物則是研究遠比人類活動更古老的地質時代中的生物，屬於理科領域。準備考試時，文科和理科是最初的重要分歧點，考古學和古生物學之後會在不同的領域發展，如果你是想當古生物學家，那就選擇理科吧！

現在是運用網路就能輕鬆搜尋的時代，哪所大學可以學到什麼知識大抵在網路上都可以查詢的到。如果你在恐龍博覽會或是報章裡遇到感興趣的老師，也可以查詢他們所任教的大學，以及了解這些老師畢業的學校，這些對你也很有幫助。在大學能教授的專業課程和那所大學的教職員（教授、副教授、講師和助教）的專業領域息息相關，因此即便都設有「地球科學」課程，不同的學校，有的可以學習古生物相關課程，但有些則不行，因此選擇大學時也需要注意這一點。

此外，通常大學的老師不太會換學校，但是可能會為了更好的研究環境而轉任其他的大學。因此在網路上查詢的情報可能已經過時，建議在參加大學入學考時前先查詢該大學的教職員名單。也可以在日本古生物學會的官網上，下載在學會發表的演講稿大綱，查詢上面的發表者名字以及所屬單位，如果你對演講內容非常感興趣，也推薦你可以看看這些演講資訊和內容。

另外，大學的學費很高，再加上如果學校很遠，沒辦法通勤上學的話，就得考慮自己在外獨立生活，這也需要費用。所以關於將來的花費問題，最好和爸媽商量一下，即便你現在還在念高中，課業表現或許比當年的大人還出色，但你的經濟能力可能還無法應付你所想要實現的一切願望。

讓我們想像一下，假設，你是一位想要鑽研恐龍的高中生，打算和父母親討論關於升學的事。礙於經濟，父母希望你高中畢業之後就去工作，但是又知道你自幼的夢想，所以開出了「如果可以從家裡通勤去大學的話就可以去念」的條件。只不過，符合父母要求的大學，或許並不是你的理想學校，該學校甚至沒有可以教授恐龍知識的老師，只有一般的地質學老師而已。對高中生來說，大學入學考試是第一重要的事情，你必定會因為無法去考你理想中的大學而感到懊惱不已。但是，有一點我希望你能知道，古生物學對現今日本社會而言，並沒有太大的實際用途，你的爸媽願意讓你去大學念這門學問的相關科系，就已經是你最大的支持了。等到你將來發現父母的心意，一定會努力的去從事好的工作，而這工作，說不定就可能是恐龍的研究。

3 留學篇

在以前，日本的大學裡很少有專門研究古脊椎動物學的老師。因此如果你想要研究恐龍、或是想要研究哺乳類的化石，去海外留學是不得不考慮的選項。然而今日在日本，可以研究骨化石的大學漸漸增加，因此非得去海外留學的必要性就沒有了。

但並不是說在日本能學到東西就不需要去海外留學，從另外一個角度來說，反而可以將這種情況視為是有更多的選擇。有些人可能會覺得自己的個性更適合去海外念書，又或者會有「想要跟某位研究員學習」的情況，如果是基於以上的想法，我認為不妨一試。

這是我個人十年海外留學經驗所得出的觀點，如果從大學（也就是十幾歲的時候）開始就去英語系國家留學，英文會變得非常的好，也會自然而然淡化「好像是日本人」的這種印象。就像是在當地土生土長似的，無論是在語言或是文化方面都會更適應於留學的國家。

然而，如果你到研究所才出國留學，你講外文的時候可能會有日本腔調，也可能在文化上或多或少帶給人「好像是日本人」的印象存在。在日本社會裡，如果沒有日本人的感覺，可能會被寬容性低的日本社會視為是異類，因此如果想在日本找工作，到研究所再出去留學會比較好；相反的，如果沒有一定要在日本謀職，那麼從學士開始出國留學也不賴。

如果決定研究所要去海外就讀的話，為了凸顯自己，不僅大學成績要好，也需要在畢業論文（或是學士論文）上下工夫，因為光只有成績，對方可能不會認同你。為了要讓研究所錄取（在海外，研究所學生的地位相當於準社會人士），你需要向你想申請的研究所教職員推薦自己，因此在申請前先直接去拜訪與交流是很重要的。在歐美地區，拜託自己認識的老師先去研究所打招呼並非是在拉關係，而是很普遍的介紹自己的策略。

在此想跟各位分享一個努力追求夢想的研究生故事。

我不是大學的教職員，所以底下沒有研究生，但為了標本管理業務的順利，我雇用了科博館的研究機構附近筑波大學的學生來打工。工作項目有化石的清修、標本的登錄、公開資訊等，這些對科博館來說都是重要的工作，他們並非只是單純的打工學生，我們互相信任，自然的開始對彼此熟悉。

不久前，一個曾上過微體化石碩士課程的學生來我們這裡打工，這女孩很想去國外進行三葉蟲研究。「那就去啊！」我說。為了支持她，我提供了海外研究所的諮詢，教導她如何撰寫履歷和申請動機信，如何選擇理想學校，以及如何向申請學校的老師推薦自己，為了這些，我們還在跨年時放棄收看紅白歌唱節目，就為了修改申請書。後來，這位想成為三葉蟲研究員的女孩，成功申請到美國維吉尼亞州的研究所了。

我永遠不會忘記，這個女孩，手裡拿著誰都沒有看過，甚至是連父母都還不知道的合格通知書，用最燦爛的笑容來到我的研究室。最初我們還是陌生人，沒有任何關係，最終卻成功申請進入三葉蟲的研究室。有這樣的前輩當作例子，誰還能說夢想不可能實現呢？

4 所謂做研究的這件事

所謂的研究，包含了透過教科書，從他人累積的經驗中所習得的「學問」，再加上「想去追求世界上沒有人知道的新事物」的動力所組成的。即使是觀察同樣的事物，該如何解讀、又會有什麼樣的發現，都會依據觀察者的角度而有所不同。在研究的世界裡，「學術能力」、「想像力」以及「表達力」都非常重要。

世界上的研究員鮮少有機會能聚集

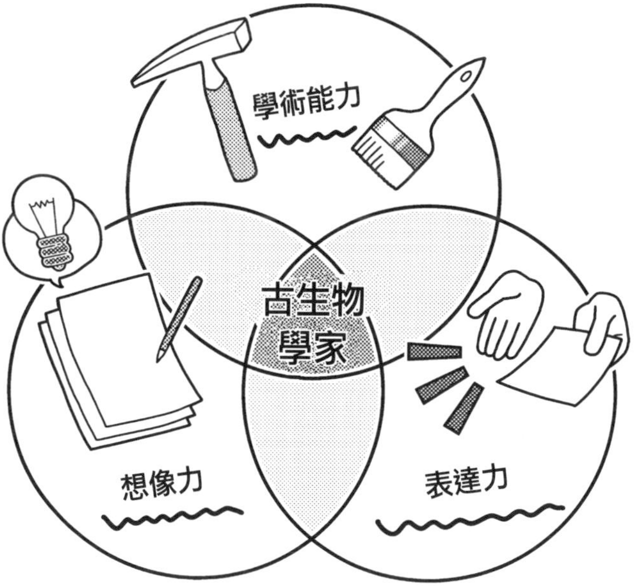

在一起，直接面對面交流，所以論文是他們溝通、甚至有時是競爭的場域。在學術面上，讀論文是研究員最基礎的能力，同時也需要擁有對現有研究客觀評價的能力，以及還要能提出應用的新方法或是公式。此外，若還能思考該如何處理研究所得出的成果以及具備高度的表達力，就是不可多得的優秀研究員。

如果將研究員比擬成其他工作職位的話，我個人認為最接近的應該是「社長」一職。

為了能進行研究，需要資金支持。通常理工科的研究花費較高，所以大多數的時候，光靠自己的錢是不夠的，還需要跟企業或機構，進行研究項目的提案：說明研究的必要性、或是得到嶄新結果時所能帶來的益處等，以求得贊助，因此簡報力是必要的。光提出自己覺得有趣的項目是不行的，得要提出會讓大家都贊同的研究計畫，才有可能受到支持而成為實際的研究項目。

贊助資金到位之後，研究項目就可以開始進行。研究室啟用、讓學生做他們感興趣的研究題目，為了研究進展，有時會雇用博士後的學生或是助理，並控管進度。分析實驗中所獲得的數據，假如成果不錯，就帶到學術研討會上討論。若大家也覺得可以發表，那就寫成論文、交付審查，最後發表。

如果只跟專家發布這項研究成果，可能無法廣為周知，因此需要擬新聞稿，好傳播給一般社會民眾知道。這有點像是推廣新商品時的宣傳手冊一樣，重要的是內容要盡可能的避免涉及太多專門用語，寫成一般人會有興趣閱讀的文章，這樣才能讓更多人了解。

如何，掌控這些聽起來很像是社長的角色吧！如果我擁有大研究室，就會像大企業的社長一樣，但其實我只是一個人默默在我的小研究室裡耕耘，就像是沒有部下的一人公司社長。

儘管不同的領域會存在些許的差異，但是科學的研究（包含古生物學在內）大概會經歷以下過程。

1. 計畫有意思的研究題目
2. 為了申請補助金而提出研究計畫
3. 進行研究計畫
   - a 讀論文
   - b 分析、解析
   - c 開會討論、在學會上公布
4. 得到前所未有的研究結果
5. 以論文的形式發表
6. 將研究結果廣為周知

如果你想要成為古生物學家，在學生期間就需要經過一連串「合格」的考驗。從大學開始到研究所，從碩士到取得博士資格，哪個階段必須培養怎樣的技能？在此我大致告訴各位這個攻略。

■學士論文的階段（一年期的入門體驗）

大學生的學士論文要能通過，關鍵是第3點。才剛升上大學四年級的學生，突然要他找到新的研究題目是不容易的。大多數的狀況，是老師已經有了好的題目，讓大四生去負責其中一個部分，從這當中再去發展出自己的小型畢業論文題目，如果研究結果不錯，就可能繼續深入探討下去。不過，只要能完成第3點，應該就可以通過了。

■碩士論文的階段（至少持續兩年的修行）

就讀研究所的碩士生，如果論文能在第1、3、4點上得到成就感和充實感，就很不錯了，在這個階段，可以藉助老師的指導和協助。

但如果你將來想要走學術研究的路，那麼將自己的論文境界往第5點和第6點推進會更好。如果能到達到這種程度的水平，就像是獲得了日本學術振興會的「特別研究員」的入場券。

請注意，無論如何，研究室或是研討會的指導老師將來可能會成為研究領域上的同事，因此這個階段最好能有自己是半個社會人士的自覺。

■博士論文的階段（還要歷經三年以及後續追加更久的修行）

想要獲得博士頭銜的學生，應該都是想要成為研究領域的專業人士，因此都得承受學習這6點技能的壓力與磨練，好讓自己的研究能力更上層樓。

為了讓大家知道攻讀博士班的學生究竟有多辛苦，在此帶著主觀意識來深入探討一下。

雖然知道做研究得身懷各種技能，但總有不擅長的地方，而這些不擅長之處未來將會在第2點「得到資金上」吃點苦頭。這個時期，同年級的人，論文數量都差不多，在申請研究資金時，研究經歷不會有太大的差別。但反過來說，如果有人的論文數多一份，這一份可能就會影響勝敗結果，所以大家都會心神不寧，變得很神經質。

如果能成為日本學術振興會的「特別研究員」，就能每個月獲得薪資，每年也會得到研究費用。雖然依據領域不同，錄取的難易度也會有所不同，但如果獲得特別研究員的錄用通知，就相當於被客觀認同自己有當研究員的潛能。因此，有人甚至會將是否能被錄用為特別研究員，來當作自己適不適合走上學術研究員之路的判斷。不意外的，有名的國立大學學生，例如東京大學，在獲取錄取的這點上特別具有優勢。除了原本頭腦就聰明，同時他們也能從學長姐那獲得錄用的祕訣，這點也很重要。

在此，我想要請你想像一下，如果你研究室座位旁邊的朋友成為了特別研究員，但是你卻沒被錄取……

在這個研究室裡有許多優秀的學生，而此時你已經決定要追求博士學位。當然優秀的學生在課業上的表現本來就相當優異，甚至可能至今為止都是人生勝利組，沒有經歷過什麼挫折，因此當收到特別研究員的落選通知時，這可能是你人生首度的大挫折。如果能夠從沮喪中轉換心態，重新振作並努力向前，我認為擁有這種不怕挫敗精神的你，會是更適合成為研究員的人。

順便一提你可能會感到意外的事，其實要成為古生物學家並非一定要有博士學位。在歐美如果想成為古生物學家，無論是在大學擔任教職或是在博物館從事研究工作，的確是需要有博士學位。但是在日本的博物館工作的話，其實擁有碩士學位就夠了。因此，如果是想在博物館工作的古生物學領域的學生，常常會為因為要不要去攻讀博士學位而感到苦惱。

我無法肯定的說哪一個更好，因為這取決於每個人的決定。但我認為你可以在就讀研究所的期間，去尋找適合你的答案。

要實現困難的夢想需要長時間的堅持，而實現夢想的機會卻稍縱即逝。

我希望你能知道，只固守一條路去實現夢想，就像是將線穿過一公尺遠的針眼一樣的困難，並非只有這種方式才能成就夢想，如果自己所處的位置和理想道路不同，依據自己的想法去調整夢想的範圍也是很重要的，這也是讓你能夠「實現夢想」的重要過程。

＊支持日本研究員的日本學術振興會，針對年輕的研究員設有特殊支援系統。研究員或學生可以透過申請而成為「特殊研究員」。研究所需要的花費，當然包括了生活費、購買必要工具的材料費，以及前往研究地點的交通費用等，無論什麼項目都需要錢。（鈴木）

5 運氣也是實力的一部分

古生物學的世界是特別需要仰賴運氣的世界。

首先，要有運氣去發現藏有化石的研究材料。就拿最近的研究來說，只要讀過神威龍的發現和研究過程，就可以看出其中有多少偶然的奇蹟出現。

在此處，我想要講另一個也很需要靠運氣的事，那就是找到古生物學相關工作的運氣。

要靠古生物學的研究為生，不僅要將古生物視為是一門學問，還需要考慮收入的問題。對意識到古生物學是「職業（專業）」的學生而言，這是很重要的。雖然可能有點俗氣，但是我仍舊想要談談這個現實面。

對於想要在古生物領域裡面謀生的人來說，找到工作的運氣，就和發現化石的運氣一樣重要。有些人可能會想「是這樣的嗎？」只要成為所向無敵、研究能力（＝學術能力＋想像力＋表達力）非常優秀的研究員不就可以了嗎？

當然，研究能力高的人比較容易擔任研究職。但是，我想要強調的是，這樣的職缺很稀少的現實問題。

在這個世界上，存在著社會趨之若鶩的職業，例如電腦工程師。現在是一人一台電腦的時代，所以對電腦工程師的需求一定很高。為了要成為工程師，從學生時代開始就得要讀很多理工科系的書，所獲得的知識可以應用在許多行業上。那麼，社會上對古生物學的需求又是如何呢？是否和電腦工程師一樣需求性很高呢？相信這個問題沒有人會說 yes（當然我不是指說他們只是專業人士，但對這社會並沒有什麼用處……）。

這是因為古生物學和社會需求的關係度不高，幾乎沒有古生物學知識可以直接對應的職業，不、不是幾乎，是根本就沒有。但如果將視野擴大到地球科學的話，應用層面就變得很廣，例如石油探勘人員或是地質顧問等，這些都是高收入的職業；而固守在古生物學領域的話，可選擇的就業機會就變得很少了，只能去大學教書或是去博物館等類似機構上班。但是並非所有的大學都有古生物學這門課，擁有古生物學領域研究員的博物館，各都道府縣大約只有一、兩間而已，而且沒有缺人的話也不可能多招聘，一年能有幾個職缺已經是最樂觀的情況了。儘管如此，還是有許多古生物學界的新人抱著這微弱的希望努力奮鬥。

剛取得博士學位，偶然找到職缺、獲得工作的人，不但研究能力很高，還非常幸運。因為從大學畢業開始到取得博士學位，起碼要五年，所以以博士身分開始研究職的工作，最快也要二十七歲了（跳級的不算）。許多人畢業後無法立即找到合適的工作，就以博士後研究──也就是擁有博士學位，有期限契約的研究員──的身分工作，這段期間他們還能再提升自己的研究能力。以我這一輩來說，大概從事博士後研究的時間平均維持在五年之內。以我自己為例，直到三十二歲才找到了現在的工作，部分原因是我花了很長時間才完成博士學位。能找到工作實在是太幸運，不過比起其他人大學畢業後隨即就業，我還是晚了十年，這就是現實。

因此，有時候學生找我諮詢時，會說「和要去參加日本最難的醫生或是律師執照考試的人比起來，要完成我的目標相對容易得多了。」當然，我不是說醫生或是律師的考試很簡單，只是他們的職涯之路很明確，這是最大的區別。

為了進入研究職，差不多二十多歲到三十歲的這段時間都得花在研究和學習上。但對大多數的人來說，這段期間充滿青春活力，對於自己賺的錢能夠靈活運用，可說是人生中相當寶貴的時光。如果是上班族，就能夠用獎金來買貴重物品，或是用美味的甜點來慰勞自己工作的辛苦，也可能在街上隨便走走就衝動買下首飾或是手錶。但如果立志成為古生物學家，最好把剛剛提到的這些都當作是「另一個世界的事」。我在二十歲的後半念博士班時，周遭的人已經都有了穩定的工作，他們看起來都閃閃發光，似乎只有我被這個世界拋棄，這種複雜的心情難以言諭。

成為古生物學家的這條路，是非常艱辛的。

我認為這句「想要成為古生物學家」，意指「希望透過研究為生」和「想成為專業的研究員」。以這為前提，我想分享個人經驗來談論古生物學不容易的一面。

希望讓你樂在其中的古生物學，不會有一天變成令你憎恨的對象。

6 要成為古生物研究員的方式很多

至今我所介紹的，是以成為古生物學家為目標的主要途徑。

在這世界上，存在著許多厲害的研究員，如果想要跟這些頂尖的研究員並駕齊驅，那麼還是走主要途徑是最快的，有時候看起來非常困難的道路，反而可能是最輕鬆的。

例如，雖然厲害的國立大學很難考入，但是在那裡你會遇到同樣克服難關的朋友，一起在高水平的環境中互相切磋求進步，同時在那時所結交的人脈，在你出社會之後將繼續助你一臂之力，這表示，你在學生階段時就已經開始領先別人一步，就像是擁有種子選手權一樣，具有先發優勢。頂尖的國立大學確實與眾不同。我是畢業於私立的早稻田大學以及美國南衛理公會大學，這點是我一直以來的真切感受。如果有人問我如何成為一名古生物學家，我還是會推薦這條主要途徑，這種看法將來也不會改變。

不過，自從我當上研究員踏入社會之後，我才發現，其實要成為研究員的途徑可能不勝其數。例如，如果你能以研究之外的方式賺錢，再將這些錢當作資金投資，就可以幫助古生物研究進行，然後轉身驕傲的說：「我只是化身成上班族，我真實的身份可是一名厲害的古生物研究員／化石獵人！」

這世界上，也有很多不屬於任何研究機構，自己獨自專研的人。主要途徑並非唯一的道路，選擇曲折的道路也會成長，只要心中充滿熱情，夢想之路就會不斷延伸。

加拿大．亞伯達省的皇家蒂勒爾古生物博物館。這是我之前長途旅行，拜訪就讀加拿大亞伯達大學的恐龍君時所拍攝的照片。見到了當時大恐龍博'90來日本展示的化石。

7 — 最後，給家長的話

如果您的孩子，對恐龍或是化石開始感興趣，並且告訴你他想要成為古生物學家——希望你不要急著否定，也不要過度干涉，請先保持觀察的態度。

如果你想要為孩子出點力，我覺得可以準備大量的相關書籍，讓他們能自行探索內心湧現的興趣。也可以帶他們去博物館參觀或是去看展覽，參加座談會以聽取研究員的話。

念書這件事，如果不是按照自己的意願去做，是無法長久的。想要成為研究員，就像是參加一場長距離的馬拉松，透過與自己的較力，考驗體力和精神，得到了巨大的成長。因此，身為陪跑者的家長不要替孩子決定道路。

無論如何，希望你能成為孩子的朋友。當他一個人一直努力，感覺自己已經到了極限，如果身邊能有一個啦啦隊長會告訴他：「你並不孤單」，我相信他一定能重新站起來。

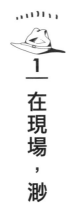

第4章 好！來做研究吧！

1 在現場，渺小的我所能做到的事

在以古生物學家為目標的路上，會遇到幾個挫折。

首先，就業機會到底有多少呢？讀古生物學對社會有什麼幫助呢？而優秀的人這麼多，我真的可以成為古生物學家嗎？只要認真的想，就會逐漸感覺到現實面的嚴峻。當我看到同學為了就業竭盡心力，也常想如果當初換條路走，現在的我會是怎樣的呢？但每次思考到最後，我果然還是想成為古生物學家，還是想投身在研究現場。

我在科博館打工的時候，曾經有過這樣的內心掙扎：當時我得到機會能和富田老師一起去中國內蒙古的挖掘現場。為了存到去中國的機票錢，我更加努力的打工，但是內心卻感到惶惶不安。

因為那時候，雖然有幾位立志成為古生物學家的學姐備受期待，但是要成為老師，情況就不一樣了，當時日本的大學沒有任何研究骨化石的女性學者存在，即使到了我那個年代也是一樣。一切都在摸索，什麼是正確的選擇、哪條路才是捷徑？沒有人能說得清，即便是富田老師也一樣。

儘管很多事情還未知，但有一件事情是確定的，那就是成為被需要的研究員是很重要的，就算不是獨一無二，但是成為獨特的、沒有你就不能完成大型研究的研究員，這似乎是在古生物學世界裡生存下來的祕訣。

接著就來想一下我該何去何從吧！

前往內蒙古的實際現場時，是開數台四輪驅動車前往。每一台車可以乘坐五人，除了研究學者之外，還必須留下司機、翻譯的位置，也要空出運載機器和食物等空間，所以還能搭乘的人數所剩無幾。研究經費如果很多的話，可以多開幾台車，但若研究經費有限，需要盡可能人數少效率高的工作，所以首先要減少的是一起前往的助手人數。

在嚴酷環境下進行野外調查時，會想要帶什麼樣的人去呢？

「會是個子嬌小、沒有力氣的自己被選上嗎？」

很遺憾的是，答案非常明顯。

「那該怎麼辦呢？」

找出這個解答的線索，成了我在內蒙古進行挖掘工作時的個人目標。

四輪驅動車顛簸的馳騁在戈壁沙漠東緣的大草原上，不時停下，從游牧民族圍起來的柵欄中穿越，不斷向前進。研究員仔細觀察路上露出的崖壁顏色，判斷是否為新生代哺乳類化石的新產地。

這次和中國團隊在內蒙古進行的挖掘調查，已經持續了好多年，有很多有趣的故事可以說，這些我會在別的章節裡好好的描述，暫且還是繼續講我的個人目標。

因為有在恐龍博覽會上，清修比自己身體大一倍以上的地震龍骨盆的經驗，在各方面都讓我留下了深刻的印象：像那樣大的骨頭，到底該怎麼挖掘、又該怎麼運回來呢？當我想像那個場景，腦中浮現的是那些體格健壯、渾身肌肉的男性研究員，帶著數十公斤重的裝備，在稱不上道路的小徑上搬運著又大又重的石頭，這似乎是女性無法勝任的事情。

我從這次實際的挖掘現場感受到，有許多事情或許不如我當初想像的那樣。

調查團隊到了野外考察的基地後，不只會尋找新的化石產地，還會去已知的化石產地探查。通常地表因為容易遭受風或雨的侵蝕，之前考察時還埋在地下的化石可能後來露出了地面，在這些地方或許會找到之前沒有發現過的物種，甚至是全新的物種，這告訴我們挖掘工作並不是光去人煙罕至的地方就好。

此外，像這樣大規模移動的考察，基本上是以車為交通工具，所以到了化石產地後，可以只背著裝有飲用水、簡單的考察工具和GPS機器的登山背包，輕裝步行去探查。這個調查的主要對象是小型動物化石，收集現場可能含有化石的沉積物是主要的工作。等回來後，再將這些沉積物用篩網篩過，用鑷子將篩網上的沙子和化石夾出來。如果是這樣的作業，我想即使是力氣小的我也可以做到。此次的調查工作讓我大開眼界，原來還有這樣的工作方式。

如果，發現了像犀牛的頭骨這樣的大型化石，我們會先記錄GPS的位置，等回到停車場之後，再報告發現了大型的化石。

考慮到車子停放位置，步行勘查的距離最好是在兩、三小時內能夠返回的範圍裡。雖然日暮西下，力氣差不多已經用盡，但我好像還可以再繼續下去。我似乎擁有新手的運氣，找到了不少的化石，令我開心，這或許是多虧了我還年輕，視力還算不錯的緣故。

野外調查結束後，我們和共同研究的中國科學院古脊椎動物與古人類研究所（IVPP）一起整理化石。在那裡，我見到了許多的女性研究員。我緊張的跟她們打招呼，她們卻都和藹可親的歡迎我，和我交換名片。我才驚訝的發現我讀過其中一些人的論文。IVPP的女性占比約三到四成，很多都身材嬌小，原來「古生物學家都是筋肉男」，是我自己的刻板印象。和這些老師聊天的時候，我逐漸把自己的未來想像和她們重疊在一起。

對於個頭嬌小的自己來說，或許比較適合將小型動物當成研究對象。

這裡是2004年內蒙古調查中所發現的露頭。出野外時穿著有許多口袋的釣魚背心十分方便，但由於筆者個頭較小，所以背心總是顯得鬆鬆垮垮。（攝於2015年）

2 為什麼要做研究？

接下來，我想介紹一下我所屬的平野研究室。

平野研究室是以野外調查為基礎，以調查平野老師的專門——菊石為主，其他的還有以疊瓦蛤、花粉、微體化石、化學地層、骨化石等材料，重建白堊紀海洋環境和動物演化史的復原。

雖然只是一個研究室，卻涵蓋各式各樣的主題，因為老師本身對許多領域的研究感興趣，此外也有可能是由於當時網際網路尚不發達，想要讀古生物的高中生只能靠自己蒐集相關資訊，然後進入早稻田大學，懇求老師讓他做自己感興趣的研究，所以才會有這樣的結果吧！

乍看之下，每個學生獨自做著不同的研究，但卻要在專題研討會上一起討論各自的進展和成果。依照慣例，大家肯定會在研討會上問出「為什麼要做這個題目？」這讓第一次參加專題討論的人都覺得特別恐怖。

果然，研究室的前輩緩緩的舉起了手，就像是瞄準獵物的獵人般，帶著不懷好意的笑容問了那題必問題，令人不由得緊張到發抖，而平野老師只是在一旁面露微笑的聆聽，這兩個人的反差之大更加深了恐怖感。

大多數正在準備畢業論文的學生，常常會囁嚅的回答：「因為至今沒有人做過這個研究。」「這不是理由！」前輩一口氣駁斥了這個說法。

為什麼要做這個研究？其實要說出一個專題性的研究目的非常困難。進行研究的重點在於，因為有想要闡明的問題點和疑問點，因此運用適切的研究方法，去揭示問題的答案。因此，只說出「因為是新的研究」的這個理由，的確不能當成為什麼要做這個項目的答案，所以前輩的駁斥是有道理的。

究竟想要解決的問題是什麼呢？什麼又是有意思的研究呢？如今身為古生物學家的我，回想起當初在專題討論時的種種，都會有精神為之一振的感受。身為研究員，只要想進步，就得不停面對這個問題。這問題看似

化學地層：是一門分析地層中所含化學成分，並研究地層形成順序的領域。

是在捉弄那些準備畢業論文的學生，事實上是讓學生在校園裡就先了解何謂研究的真諦，這是非常寶貴的歷練。後來我能在被稱為「失落的一代」的日本就業冰河期中繼續留在研究的領域，我想是因為當初前輩的善意，鍛鍊了我的緣故。

「為什麼要做這個題目呢？」

心懷這個問題，我進入了充滿田野調查和化石挖掘工作的夏天。

3 在菊石研究室裡不做菊石研究的傢伙

從戈壁沙漠做完田野調查回來後，發現平野研究室空蕩蕩的。

平野研究室主要的調查地點是北海道，因為北海道的冬季來的很早，能做調查的時間有限。所以夏天一到，以野外調查為主的學生就會一起從研究室消失。

身為研究室的一員，我應該也是要以北海道調查為基礎去進行我的畢業研究，但是在前一個學年度，我就宣布脫離北海道的研究了。

平野研究室的研究員，按照慣例，往年在北海道巡檢的課業結束之後，（半強迫性）需要參加學長姐數天的野外調查，這實在是很辛苦。在熊可能會出沒的河川往上游走去，如果遇到地層露出，就要在路徑圖上標注，用地質羅盤測

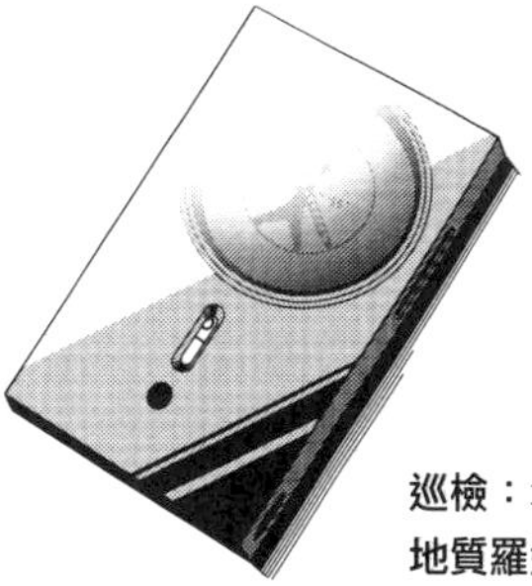

巡檢：地理學或地質學中的實地調查。
地質羅盤：附有水平儀的指南針。

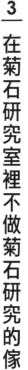

量地層的走向、傾斜角度，並記錄是砂岩或是泥岩等岩相特徵，接著敲打嵌在泥岩層的團塊，看看是否有化石。由於用單手使用小槌子可能會力量不夠，有時也會帶上大鐵鎚。如果發現化石，就裝進背包，再繼續往上游行走，一直到日落才會休息。不但背包很重，走路的距離也很長，學長姐一邊記錄路線圖一邊行走，而我們光是跟著他們就有夠累了。用來趨避熊的熊鈴整路響個不停，「這根本就是殘酷修行吧！」我的內心不禁浮起了這樣的想法。雖然我想要以野外調查的方式為基礎進行研究，但是北海道的調查實在給我太大的挫折感，所以最終我離開了。

由於當時的痛苦經驗，我直接放棄了北海道的調查，但我還是很想把野外調查納入我的畢業論文裡。因此，若是有博士班學長姐的指導，我可以去別的地方進行畢業研究。負責指導我的是專門研究軟體動物化石和沉積學的前輩，我研究的是——被海浪聚集的貝類密集層中，通常哪種棲地的貝類會匯聚在一起——的這種題目。

團塊：在泥岩或砂岩中常見的硬球狀塊，通常以化石或砂粒為核，被矽酸鹽或碳酸鹽等物質積聚形成。
軟體動物化石：例如卷貝或二枚貝等。

這是一項滿有趣的探究。我和前輩一起前往野外調查時，前輩用園藝用的彎月鋤，削去露出的第四紀地層，辨識出滿潮時堆積在河口附近的沉積物特徵，藉此得知當時茨城縣的海岸地形為何。他們在不同地點記錄地層的柱狀剖面，將這些地層進行對應，依據海平面升降來重建海岸地形。由於研究的地層硬度是可以用彎月鋤削除的程度，所以野外調查主要是在移動中進行，比起那種要利用體力決勝負的調查，這種只要用腦進行細微觀察的研究方式比較適合我，所以我決定拜前輩為師，期限一年。

一邊想像同學在北海道像屯田兵般的進行開拓工作，我則是急忙的趕往靜岡縣掛川市的研究地點。用著還不發達的GPS，「咦？這是（地形圖上的）哪裡？」、「這個沉積物的粒度應該算是泥還是細沙？」從這樣初級程度開始，透過和前輩的對答中漸漸上升到及格程度。製作出貝類化石的密集層柱狀剖面後，從密集層裡挖出化石，過篩之後，再進行貝類化石的清修來判斷種類為何。考量到碎片度估算出個體數，以及將該物種的生活方式和棲息深度列出，調查隨時間變化的分布頻率。最後，研究結果

柱狀剖面：通過圖案或記號，將某個地點的地層情報（地層形成的順序、岩石特徵、含有物等）呈現在長條形狀的圖表中。

是，這些被海浪聚集成貝類化石密集層的貝類，並沒有被海浪搬遷得太遠，與由沉積物所推測的水深一致。對前輩來說，這是一個粗糙的研究體驗，至今回想起來還有許多地方可以改善，但是畢業五年後，這個研究終於刊登在日本古生物學會的日文期刊《化石》上。這對從北海道調查逃脫的我來說，似乎終於得到了一張「免罪金牌」，這篇日文論文客觀的證明我雖然在美國很久，但仍有寫日文論文的能力，我也將論文視為是前輩贈送給我的禮物。

靜岡縣掛川市的露頭。為了畢業論文，筆者正拿著彎月鋤奮鬥。

第5章 懷著對恐龍的嚮往持續下去

1 想要多了解恐龍，還是想要做研究？

當時約有十名左右的大學生或研究生為了做研究，常常到科博館的真鍋老師那裡，這些學生幾乎都是東京大學的學生。

東京大學對我來說，是自己在高中的時候，無論怎麼努力都不可能考上的學校，它就像遙不可及的雲端，我連想都沒想過要去觸碰。也就是說，科博館這裡聚集許多我永遠無法企及、學術能力高超的神人存在。現在想來，我那時內心很惶恐，因為「聰明」是從事研究工作最不可或缺的，而那些想要做研究的東大生，以最優越的條件度過他們的大學生活。

在研究的世界裡，對學術能力和想像力的要求很高，無論你多強運、無論擁有多麼厲害的化石，沒有這兩者，就無法成為最頂尖的研究員。說穿了，東大這群人就是同時擁有頂尖的學術能力和想像力，是我大學時候難以匹敵的對象。

例如當初平澤達矢（現任教東京大學）提出要從骨化石來重建呼吸系統，藤原慎一（現任名古屋大學博物館研究員）則表達他希望復原古代生物的姿勢。當時，他們應該還只是大學生，尚未進入正式的研究階段，但他們的研究願景已經具體且獨到，讓人相信，這些研究或許有可能實現。

在日本有多少正在從事恐龍研究的古生物學家呢？如果，只能有少數人占有一席之地，那麼我是否能名列其中呢？

現在，科博館和筑波大學以及東京大學合作，共同指導學生。

當時，我身邊已經有許多具備研究員資質的朋友了，如果要爭奪為數不多的席位，他們必定會成為競爭對手。

答案已經非常明白。

萬一競爭不過這些人，卻仍然想做跟恐龍有關的工作呢？這時可能就要考量恐龍博士之外的道路了。如果英文很好的人，可以從事翻譯，翻國外的恐龍原文書；如果在出版或是媒體等相關公司工作的話，就可以做最新的恐龍學新知特輯。照這樣方式考量下去，或許除了恐龍博士，還有很多和恐龍有關的工作可以做，但我試著想像自己做這些工作……不！我想像不出來，我無法想像自己從事這些工作的模樣。

這段時間，我常在富田老師的研究室裡，用顯微鏡觀察老師所擁有的現生動物骨骼標本。

一邊用顯微鏡觀察棉鼠、鼠袋鼠等北美的嚙齒類頭骨，一邊用「顯微

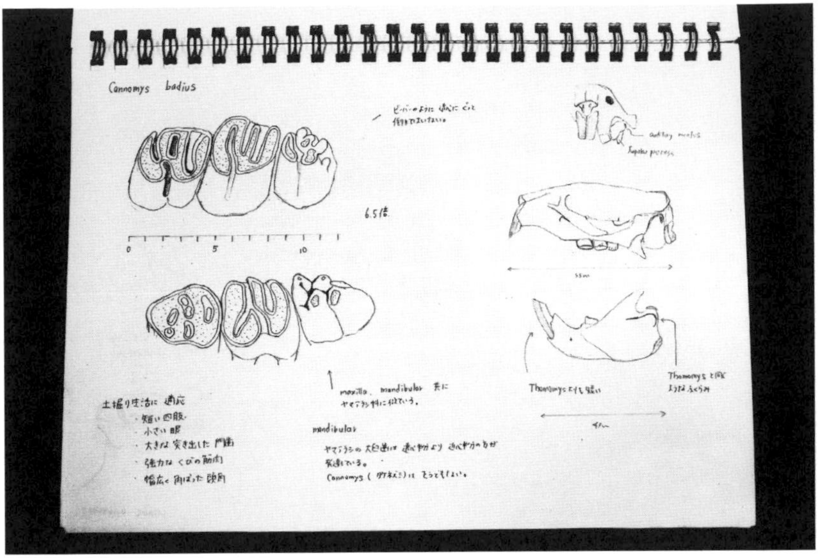

小竹鼠頭骨和牙齒的手繪圖。很喜歡靜靜的待在富田老師的研究室中，畫這些科學繪圖。

鏡描圖器」的投影裝置投影出來，再描繪下來，「原來這就是前尖啊！」我不禁露出恍然大悟的笑容。雖然名字裡都有「鼠」，但是彼此的牙齒形狀卻截然不同，這種差異實在讓人深感興趣，而牠們上下對齊、能完美咬合，像是機械般的牙齒也令人覺得有趣。

如果，我只是把恐龍當作古生物界裡面的明星代表，而非真心要讀恐龍

牙齒表面用來咀嚼和研磨食物的凹凸處。上顎的牙齒上通常有三個凸起，其中一個稱為前尖。

學，這樣想的話，我是不是只是在給自己找放棄的理由呢？我翻來覆去、整夜輾轉難眠，回想起過去種種：科博館老師的講座、非正式研討會上學者的演講、早稻田大學學長姐的碩士論文發表等。我發現「研究」才是我真正想要走的路。因此如果我要成為學術研究員的話，我就不能把希望壓在「恐龍」身上。

在悔恨的淚水之後，一條新的道路在淚眼朦朧中出現，或許我可以把恐龍放在心中，當成憧憬的對象就好。

「大概。」

2 所以，再挑戰看看吧！

因為要寫畢業論文而踏入有趣的軟體動物化石研究，感覺很吸引我，但是仍比不上和富田老師一起去內蒙古的調查經歷，因為太過深刻，讓我不斷的產生想要研究脊椎動物演化的心情，其中，小型的哺乳類化石充滿魅力。

野外調查所遇見的海外頂尖研究學者，他們依據自身的知識、經驗和直覺，挖出了石粒般大小的化石，然後再從這樣小的化石中發表驚人的研究論文，甚至提出了新的假說。

「我也想要投身進入那樣的世界。」我由衷的這樣想。

那個時候，我已經通過學校內部的面試推甄，成為了一名研究生。不過，當時日本研究所的碩士課程，沒有什麼課可以修（至少那時的制度是這樣），碩一就可以取得所有的畢業學分，因此除非有特殊狀況，否則不太可能被當掉。

另一方面，聽說國外的研究所並非如此。我一直認為成為古生物學家的這個目標是我人生的豪賭，但現在如果無法在學術上前進，是否需要再另覓出路？可我又已經進了研究所就讀，很難在這節骨眼放棄，真希望有誰可以拍拍肩膀告訴我，我不適合走這條路，這樣或許就可以鼓起勇氣往另一條路上踏出下一步。在這樣來來回回猶豫不決的心情下，我還是認為國外的體系似乎比較適合我。而且，在海外的研究所裡有專攻古脊椎動物學的老師。

「我非常嚮往『能做研究』的世界，還是再鼓起勇氣試試吧！」

「這樣的話，我想去國外念研究所！」

一旦有了這樣的想法，就覺得如果繼續待在日本，因為失去了動力，我可能也做不出什麼好的研究成果，這樣的話，我會覺得對不起我那專門做菊石化石研究、當初爽快接納我的平野老師，我不想這樣。

經過各種考量後，我決定不要等畢業，直接提前退學離開學校。

但我是經由內部推薦進入研究所的，如果現在說要離開，不知道老師會不會生氣？我忐忑不安的去找平野老師，他叼著菸，爽朗的笑著說：「哈哈哈！好啊！妳會這樣說，表示已經決定了不是嗎？去吧！」老師非常爽快的答應了。

有了教授的簽名，我順利退學了。我的退學可是經過教授的同意喔！我真想跟周圍的人這樣說。終於感到如釋重負，未來的路也清晰可見了。

平野老師爽快的送我離開早稻田，過去種種美好回憶浮現腦中，他真是位很好的菊石老師啊！事後我和父母報告退學一事，他們也似乎早就知道我會做這樣的決定。借研究室同學的話：這個夏天野外調查回來後，我的人似乎就已經消失了一樣。

3 為了成為古生物學家的兼差、參加世界的古脊椎動物學會

既然已經決定了，首先得找到要去就讀的研究所，這表示得在全世界能留學的學校裡，篩選出真正要去申請的學校，這點實在是不容易。因為我擅長英文，所以首選國家自然是美國，加拿大或是澳洲也是不錯的，但當時我還只是個學生，很怕冷，也很怕曬黑，考量到上述的種種，嗯……還是選擇美國吧！富田老師也是去美國，還有在內蒙古挖掘時遇到的洛杉磯郡立自然史博物館的王曉鳴老師，最早也是去美國留學的學生。我想起以前在早稻田大學，到美國西部大峽谷巡檢的時候，「好想要再回來這裡喔！」的那股心情。我從研究所退學、沒有工作，決心要先當個打工仔，因為這場人生豪賭的目標得由自己決定才行。

我接了更多的打工，稍微存了一些錢，跟著富田老師去參加每年舉辦的古脊椎動物學會（Society of Vertebrate Paleontology，簡稱ＳＶＰ）會議。

後來，我找到了想去的研究所，並且決定研究和富田老師去內蒙古挖掘時發現的小型哺乳類動物化石，有了研究材料，接著就是要好好的找指導老師。

現在，公開的論文越來越多，不需花錢就能下載專門且品質很高的論文，只要輸入關鍵字，就可以得到最新的論文情報。但是在二〇〇五年的當時，網路還不發達，因此要踏出每一步並不簡單。所以，我採取了土法煉鋼的方法來尋找合適的指導老師，就是去讀富田老師認識的研究哺乳類化石老師所寫的論文、以及調查論文後面的參考文獻出處的老師。

在當中，有一位老師引起了我的興趣，他的研究室同時在研究老鼠和恐龍。這位教授後來成為了我的指導教授，他是南方衛理公會大學的路易斯．雅各布斯教授。

當我在老鼠或是恐龍的論文中，看到這位老師的名字時，不禁在心中驚呼「啊！」，這真是命運的引導！最後我選擇指導老師的理由太過於簡單，不是出於理智，而是出於直覺。

我跟富田老師說：「我想寫信給雅各布斯老師，可以請您幫我確認信件內容嗎？」「什麼嘛！妳這麼認真的找教授，最後找的竟然是我的前輩。」富田老師笑著說。「對啊！」因為有這層關係，我覺得比較有勝算，一下子心裡就輕鬆起來。我和雅各布斯老師通信，約好在這次的SVP會議上碰面。

所謂的學會，是由這個領域的專家所組成的學術集會，有研究成果的發表、有為了討論學術論點所定期舉辦的研討會，以及學術期刊的發行。而SVP的會議，是以美國為據點，世界中的古脊椎動物學家齊聚一堂，發表非常高水準的研究。研究對象從魚類到兩生類、爬蟲類、鳥類、哺乳類等全部的脊椎動物，其中最多的就是恐龍的研究發表。會場地點非常漂亮，有像藝人或是名人結婚場地的華麗大廳、電影院般的巨大螢幕，甚至發表的時候還會有鎂光燈打在演說者身上，實在是太厲害了。因為內容太專業，同時用英文發表的速度太快，我大概只聽得懂一半，但光想像將來換成自己站在那裡發表，內心不由得澎湃起來，SVP就是這樣令人興奮不已的學術盛會。

當時的我一邊忐忑的想著自己好像不太適合這樣的場所，一邊又覺得應該要自信一點，到不同會場去聆聽各種發表，在中間的休息時間裡，我還試著模仿那些泰然自若、很有自信風采的學者優雅的啜飲咖啡。我想像自己是一個背著「Mammut 長毛象」背包，內心充滿不安，卻又快速穿梭在會場間的日本小女生，不由得笑了出來。

和雅各布斯老師在約定的時間碰面後，我表達了想前往南方衛理公會大學就讀的心願。雖然事前有把想說的話先整理好，但是一看到雅各布斯老師的瞬間，腦中變得一片空白，但我還是試圖傳達我的想法，而富田老師也不時的救援，總算留給雅各布斯老師好印象。老師說：「嗯，亞洲的學生的確很優秀呢！先前我也教過一個很棒的日本人，是我引以為傲的學生。所以呢，妳也沒問題的！」他竟然覺得只要是日本人就沒問題，也太簡單了吧！我趕緊趁勢回答：「謝謝老師」。

讓雅各布斯老師感到驕傲、才華洋溢的日本學生，就是在南方衛理公會大學雅各布斯研究室裡締造黃金時代的小林快次（Yoshi Kobayashi）。

對我來說，SVP就像是好萊塢的電影世界。如果比喻成拍電影或是電視劇的現場，我應該就是那個要忍住歡呼尖叫聲的臨時演員，這樣講不知道你們明白嗎？但我其實尚未正式踏進那個世界，只能對自己說現在還不是歡呼的時候。

第6章 前往美國念研究所的單程票

1 亞利桑那州的單程票（磚紅色的亞利桑那）

為了去美國就讀研究所，我不得不全力以赴。

我想要去的南方衛理公會大學，是一所位於德克薩斯州的私立大學，是當地有錢人家會把孩子送去的有名大學。事實上，行駛在校園內的汽車都是高檔車，賓士或是ＢＭＷ都很常見，此外也能看見法拉利和藍寶堅尼。就像是走進好萊塢電影裡的大學場景，可以想見這樣的學校學費也非常昂貴，不是我能負擔得起的。

為了能順利就讀南方衛理公會大學的研究所，我得積極爭取學費減免，此外每個月的生活費也得靠自己賺取，所以想要應徵教學助理（TA）。南方衛理公會大學有許多研究生的學費減免計畫，而且教學助理的薪水也足夠我每個月的開銷，如此一來就不用為了資金而煩惱。當然，前提是得要通過減免計畫才行，不過美國願意提供給國際學生這樣的機會，讓我很感動，開始對這國家有了好感。

二〇〇五年的冬天，我遠渡美國，先到亞利桑那州的土桑學英文。我帶上所有能扛的行李，握緊手上的單程機票，開始了留學生活，嗯！一切還不賴。向亞利桑那州的英語學校（CESL）提

交申請書，至於住宿的地點則是還在日本時就已經先簽約決定好了。這一去，暫時不會再回國。我的父母親開車載我到羽田機場，因為怕哭出來，所以一路上都不太說話。到了機場彼此相互擁抱後，我出了海關。因為買的是便宜的機票，所以得先在國內的關西機場換一次飛機。在關西機場時，研究室的朋友阿馬來送我一程，用著慣常的語氣：「阿莉（這個暱稱只有阿馬可以用），妳要加油喔！」果然是阿馬，講話依然這麼可愛，在國際線的航班上，有時想到阿馬還忍不住笑出來。

正式去研究所留學前，待在土桑這段學習語言的期間，不僅是我學業上的長假，同時也是我人生的轉捩點。

位於沙漠小鎮的土桑，氣候十分乾燥，即使是降雨最多的八月，平均降雨量也只有六十毫米而已，和充滿綠意的日本很不一樣，這裡道路兩旁長滿了像行道樹的野生仙人掌。雖然日本冬天也很乾燥，但是跟這裡比起來簡直小巫見大巫，土桑的溼度最多也就到百分之四十而已，因為實在太乾燥，所以洗好的衣物只要幾小時就會乾透（笑）。我的皮膚變得過於乾燥，很擔心自己會一下子老去，不過人類的適應力還真強，過了一陣子之後，我的皮膚又回到水潤狀態，讓我安心不少。

我住的公寓有四間房間、兩間浴室，總共四個人一起分擔便宜的房租。公寓的廚房非常的髒，還有許多小蟲，我用手或面紙將小蟲滅掉，總算勉強可以使用。後來我才知道，原來這些小蟲是蟑螂的幼蟲，讓我非常驚訝。美國的手機也令我驚訝，在日本，我是用最新款的摺疊式掀蓋手機，但是在美國，不但沒有掀蓋手機，最新的手機也感覺好像是日本十年前的款式，而且螢幕還是單色的。當然，不可能直接用手機打電話回日本。在英語學校的第一週，經歷了各種各樣的文化衝擊後，漸漸的心情也變得輕鬆起來。

去英語學校上課的前一日，正好是我二十三歲的生日，我到學校附近的星巴克買了香蕉蛋糕來充當生日蛋糕。好寂寞，真希望明天趕快到來，好讓我去學校上課。

磚紅色的土桑，有著許多自我轉換時期的回憶。由於這裡是沙漠乾燥地區，所以留學生中以沙烏地阿拉伯人占最多數，日本人的話，包含自己只有五個人而已。而英語學校的學生，大多都是以大學或是研究所為目標，短期來這裡進修的人，至今仍有在聯絡的朋友只有少數幾位。不過我看當時的照片，一起合影的人無論是名字或是聲音，至今仍鮮明的浮現在腦中。這段自我轉換休長假的時期，應該是迄今我對自己的最大投資。

對了對了，還有一個帶點苦澀的回憶。

那就是，我吃不了蘋果了。因為在土桑的時候，我的胃常常因為不舒服而吃不下飯，只好啃蘋果吃。雖然是喜歡的食物，但因為那時吃太多，反而產生反感，從那以後我就再也不吃了。不過每當我看到蘋果，還是會想起那充滿仙人掌的土桑。

2 好，來申請入學吧！

選擇在亞利桑那州的CESL就讀英語學校真是太正確了。亞利桑那大學是富田老師畢業的學校，富田老師的老師林賽（Lindsay Zanno）博士以前也住過這裡，這讓我感覺自己並非孤身一人。

更重要的是，這裡幾乎沒有日本人，對於追求語言精進的我來說非常適合。因為日本沒有直飛土桑的飛機，土桑的氣候也和日本截然不同，所以很少有日本人會來這。在國外留學，語言相通的日本人很容易聚在一起，結果就會像還在日本一樣，但在這裡，因為沒有同鄉，讓我更早適應英語環境。

我向一位擁有教育學碩士學歷的俄羅斯人學習英文文法和寫作課程，他的教學方式很容易理解，讓我在寫作方面有很大的進步，這對之後研究所的課程也相當有幫助。至於口說和聽力，最初只能大概抓住重點，但是漸漸的連玩笑話也能聽懂了。在CESL，有亞利桑那大學的學生來打工擔當助教，其中有個和我同年紀的日本女生小惠。很快的我們就成為了好朋友，更巧的是，無意間我發現她就和我住同個公寓的不同樓層。每當聽到小惠回家時上樓梯的聲音，我就會趕緊拿書上樓找她，我讀英文，她則……沒在念書，一直聊天。這樣的生活過了三個多月，我決定參加一個亞利桑那大學獨有的英語測驗，考試成績讓我有了信心，我開始正式準備托福（TOEFL）考試。

申請美國學校的研究所需要：①大學成績單、②兩封推薦信、③自我推薦文、④研究所統一入學用的GRE成績，而外籍學生還需要參加托福考試以證明自己的英文能力。每所大學的要求門檻都不一樣，知名大學招募學生通常不僅要求學業成績要很優異，同時也要在老師的心中留下好印象，因此雖然需要GRE高分，但實際上自我推薦信函更為重要，這點和日本研究所入學考試系統很不一樣。

我心中首選的南方衛理公會大學是一個在大學排行裡算中等的學校，

助教：協助教授並從旁協助學生學習的人。在大學裡，這個角色通常由該校同一系的研究生擔任。

所以對托福的要求不高，但如果要錄取學費減免計畫的話（是的，研究生被視為是準社會人士，所以說錄取），托福成績必須符合頂尖大學的最低標準。幸運的是，南方衛理公會大學只要求托福成績，不需要ＧＲＥ成績，因為ＧＲＥ的英語考科就像是給英文母語人士考的「現代國文」，非英語母語者要得到高分是非常困難的。因此我以考托福為目標，針對這項考試時間長達四小時的耐力賽中，開始技巧性的準備。

寫自我推薦信並不是件困難的事，這是因為當時日本還沒有可以專攻古脊椎動物學的大學，因此我想要直接向南方衛理公會大學表達我想要深入研究的強烈意向，此外，我還用心的寫出了未來想要的研究方向和目標，以及為什麼念這所大學可以幫助我達成目標等。在用網路提交前，我反覆閱讀自己所寫的自薦信，最後屏息、祈禱般的按下送出鍵。

至於兩封推薦信，則是找了在學術方面願意支持我成為古生物學家的老師——科博館的富田幸光老師和早稻田大學的平野弘道老師。推薦信是

光想到要集中4小時的注意力去考試，我就覺得胃不舒服……

由推薦人直接寄去學校，應徵者看不到當中的內容，所以我並不清楚推薦信內具體寫了什麼，不過平野老師偷偷給我看了一下。

「這位學生當初在早稻田大學入學時是最後的錄取者，但是在畢業時卻名列前茅，這究竟需要多少意志力呢？我認為木村由莉選擇貴校作為她想要挑戰的研究環境，這是貴校的幸運。」

平野老師在我大學的四年間，一直照看著我。老師平日身兼教育、研究、會議、學會等工作，是位超級忙碌的大學教授，像平野老師這樣充滿魅力又溫暖的老師實在難得一見。

遺憾的是，平野老師已經去世了。這樣一位早稻田大學古生物學的名師，同時也是日本古生物學會的前會長，在二〇一四年的春天永眠了。那年是我進入科博館工作的前一年，當時我身在美國，由媽媽代我去參加喪禮，對媽媽而言，平野老師也是令她永難忘懷的老師。事實上，我媽也看

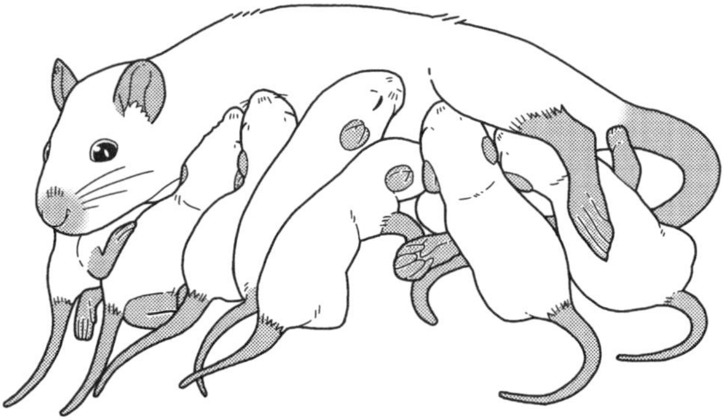

過平野老師那封機智幽默的推薦信，她當時剛好來亞利桑那州遊玩，我記得我們倆都被他的推薦信感動得熱淚盈眶。我相信，老師知道我去科博館工作，一定會一邊抽著菸一邊露出滿面笑容，嗯！就像青蛙「keroyon」的笑容。無法親自和老師報告就職的事情，是我心中永遠的遺憾。

（在此，先稍微休息片刻）

哇！光顧聊天，不知不覺時間已過了泰半。我差不多該去照顧大鼠，順便採集牠們的血液了，明天再繼續聊吧！

不過你們知道嗎？我從大學開始一直到博士後研究，都沒有養過動物，所以在飼養方面算是

keroyon（ケロヨン）：是日本畫家藤城清治在1966年所創造的一隻可愛青蛙角色的名字。

個新人。為了要了解成為化石的動物，得先了解活生生的動物，這就是為什麼我開始飼養動物的原因。

我認為，因為博物館擁有各領域專門的研究員，所以我才能在地球科學研究部門裡飼養動物，這是在這裡工作的優點之一。

順帶一提，無論是飼養方式或是血液採集的方法，都是在研究時認識的老師教我的。

「那麼，各位助手，請準備前往地下的飼養室吧！」

好！

好！

在此感謝HAMRI社的關老師和山中先生當時的照顧。

第7章 歡迎來到雅各布斯研究室

1 帶有條件的研究所錄取通知

托福的成績考到南方衛理公會大學的標準之後，差不多應該要開始準備GRE的考試了，這個時候，從大學寄來了一封薄薄的信件。在參加托福考試的時候，成績也會自動送去申請的學校，所以我想說這應該只是封成績通知書，沒有多想的就打開

信封拿出裡面的信件。

結果是南方衛理公會大學的錄取通知書！

欸——這是美國的通知方式嗎？我還以為只是個普通信件，就這樣粗魯的撕開了！

剛開始讀的時候一點真實感都沒有，直到反覆看了幾次，喜悅的心情才開始湧上來。最初我希望可以明年一月（春學期）入學，但現在看來，九月（秋學期）就可以入學了。

- 免除學費。
- 如果您在秋學期選修英文課程，我們將考慮聘用您當ＴＡ。
- 秋學期時，ＧＲＥ的成績必須達到標準分數。

這是有條件的錄取。為了要當上ＴＡ（教學助理），不得不選修給留學生用的英語課程，而在剛入學的秋學期，則是先去當研究助理，協助老師的研究項目。我的薪水是每個月九百美元，還不到十萬日圓。雖然遠不及日本大學剛畢業的平均起薪，但這是我成為古生物學家之前的第一筆重要收入。

因為可以提早入學，所以我取消了六月開始的英語學校課程，告別磚紅色的亞利桑那州，搬到了牛仔之都，德克薩斯州的達拉斯去。

2 握著雅各布斯老師的手發誓

到了達拉斯後，因為接下來要住的公寓還在準備，所以第一週我先暫

月入900美元：每所大學、每個科系給TA的薪水都不太一樣，我在正式入學後的薪水是1200美元，之後慢慢加薪，到畢業時已經是每個月1800美元。拿這樣的薪水讓我覺得，身為研究生的自己應該要回饋些什麼給學校，才能夠對得起這樣的報酬。

住雅各布斯老師家。素未謀面的研究所學長姐到達拉斯機場來接我，將我送到了老師家，我非常緊張，感覺心臟都快從嘴裡跳出來。當時老師出差，是充滿魅力笑容的師母來接待我，我們相處的十分融洽，幾天後，老師回來了。

雅各布斯老師伸出厚實、充滿皺紋的手，用他那美國南部口音，再次爽朗的說：「歡迎妳來到南方衛理公會大學！」雖然只是短短的一句話，卻非常溫暖有力，讓我感受到老師的魅力，我回握住老師的手，內心暗自發誓：「如果沒有在這裡做出一點成就，我不會回日本的！」

在美國的研究所裡，教職員或研究生等都非常友善，當然，英文裡幾乎沒有敬語，在電影裡即使人物之間年齡差了兩輪，彼此也會很坦率的聊天。雖然我知道這些，但實際體會的時候，還是非常驚訝。

在美國，學校師徒間的關係也是很特別的，學生叫老師的時候通常是直接以「姓氏」加「先生Mr.」或「小姐Ms.」這樣的稱呼，在高中之前這是慣例，甚至到了大學一、二年級，大多也還是會這樣稱呼老師。但是如果大學教職員的學歷是博士的話，就會變成以「名」稱呼，後面加「博士」，例如路易斯．雅各布斯，就會從「Mr.雅各布斯老師」變成「路易斯博士」。不過到了研究生就又不一樣了，幾乎所有研究生稱呼老師時，是省去姓氏，直呼其名，也就是不會叫「Mr.雅各布斯老師」，而是直接叫「路易斯」。我周圍幾乎所有研究生都是這樣直呼老師的名，但我有點抗拒這樣的叫法，暗自決定在我取得博士學位之前我都要用「雅各布斯博士」這個叫法。結果，因為實在太習慣這樣稱呼，即使現在已經取得博士學位，我還是難以改口，仍舊用「雅各布斯博士」（Dr. Jacobs）。

美國的研究生比起日本的研究生，更有「準社會人士」的自覺。這可能是因為TA或是研究助理有領薪資，因此大學老師也將研究生視為是「準社會人士」。對大學的教職員來說，這些研究生並非只是單純的指導對象，未來也是可能會成為同事的年輕研究員。

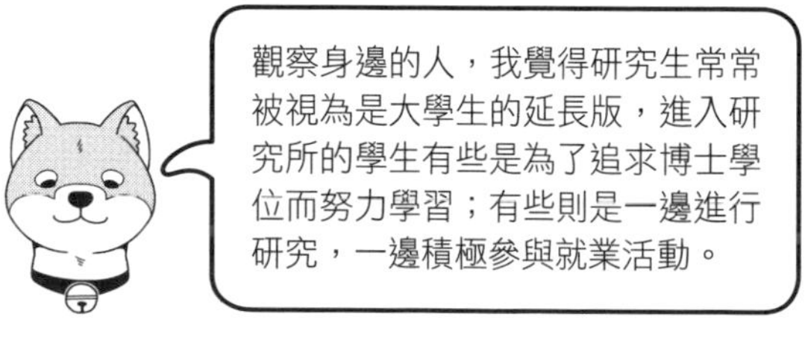
觀察身邊的人，我覺得研究生常常被視為是大學生的延長版，進入研究所的學生有些是為了追求博士學位而努力學習；有些則是一邊進行研究，一邊積極參與就業活動。

日本和美國還有一點不一樣的地方，美國的研究員很多都是夫妻，但是日本，幾乎沒有夫妻在同一所大學，或是同一個研究室裡一起工作。至今在我的認知範圍內，這種案例幾乎不存在。也許是關係太親密的人在同個職場，可能會容易有不正當的行為；而另一方面，在美國，夫妻在同一所大學、經營同一個研究室是很常見的，這對大學或是研究員夫婦雙方都有好處。

對大學端來說，同時雇用研究員夫婦，他們就比較不容易因為要追求更好的環境而跳槽，甚至還可能用比較低的薪水挖角到優秀的研究員；而對研究員夫妻端來說，一起被聘用就可以一邊從事學術工作，又可以一起在同個屋簷下生活。因為美國是一個幅員遼闊的國家，如果夫妻分屬在不同州的不同機關，就可能需要分開來生活，沒辦法像日本這樣通勤上班，這是很嚴重的問題。

事實上雅各布斯老師的太太——邦妮·雅各布斯老師也是位植物化石研究員，和雅各布斯老師在同一個學部工作，這對雅各布斯夫婦是我人生中的典範，成為像他們那樣的研究人員是我的人生目標。

3 拚命想跟上課業

初來乍到，一切從零開始，薪水也不太有餘裕，因此決定新居只放最必要的物品就好。我用塑膠夾子夾住金屬板組裝成架子，用來替代衣櫃，剩下的就只有床和書桌。這樣的話，我可以隨時收拾家具搬到新的地方。此外，我也沒有沙發和餐桌，只有用來學習英文的電視放在地毯上，雖然是地毯，但踩在上面的時候不會脫鞋，不像日本得脫鞋才能上地毯。我想，在我之前的住客應該也是會穿鞋進屋的吧？雖然之前在亞利桑那州時多少已經稍微習慣這點，但是在家裡穿鞋，總有種不確定自己是否在家的感受，沒辦法，只能接受現實。

這個時期，我常看見棒球選手鈴木一朗活躍在棒球界的新聞，其中有一篇在講鈴木一朗總是謹慎恭敬的對待他的球棒，就像武士對待武士刀一樣，因為是球棒支撐著他的棒球事業。那麼，對我而言，有如武士刀般的

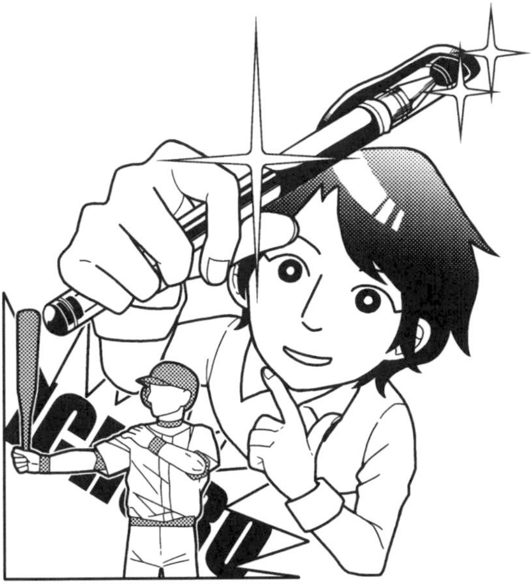

物品是什麼呢？我立刻想到了「黑筆」，這黑筆不是普通的黑筆，而是三菱 Uni-ball ONE 系列的 0.38 極細黑筆。每當我拿起這款筆，無論是在上課或是讀論文時，我的情感就會灌注其中，像是在告訴自己「好、去戰鬥吧！」至今這隻筆仍是我的愛用筆，因此大量的囤積在研究室裡。在這一點上，我覺得自己和鈴木一朗有著同樣的心情。

話說回來，我很快就在課業上遭到挫折。在研究所的第一年，我原本想減少上課時間，專心達成入學的錄取條件以及進行研究，結果發現我並沒有這麼多時間，我每天都熬夜念書，直到睡意襲來前才勉強擠出一點時間讀論文，結果論文才剛拿在手上，我就已經睡著了。

我原本想在每次上課之前都要先預習，但發現教科書的內容只是基礎中的基礎，根本不足以應付課業。此外，每週會分配幾本論文要讀，不讀就沒辦法面對考試。其他的還有小考，以及必須繳交小論文來當作期末報告。所謂的小論文，是延續課業內容，自己決定題目，然後閱讀三十多篇論文，像是整理文獻般的進行綜合論述，最後寫成報告。當然如果可以加入自己的研究數據就更好，而有些優秀學生甚至可以將期末報告發展成能投稿科學期刊的論文。

光是複習以及為了下次上課而匆匆閱讀的論文，就已經耗盡了我所有的精力，完全沒有時間做什麼預習。所謂的閱讀論文，可不是想像中那種咖啡在手，邊啜飲邊翻閱的優雅場景，實際上，每天終於有時間可以讀論文時，我已經耗盡體力，完全攤倒在床上了。

「喔，妳是日本人嗎？那妳知道小林快次嗎？」教授地球科學的研究所所長，面無表情的問我。「當然知道啊！」我這樣回答。「那麼，妳也要有小林快次那樣的成就喔！我會一直關注妳的。」這句話未免替我的博士生涯立下太大的目標了吧！小林快次就是那種能以期末小論文為基礎，發展成期刊論文的優秀學生啊！

在專題討論的課程中，每週要閱讀三到四篇論文，範圍從經典的到最新的都有。如果在課堂上無法參與討論，就會得到老師低的評價。

這個專題討論的課，一直都很困擾我。平常如果有人對著我說英文，我可以清楚理解對方的意思，甚至能字字句句寫下對方所說的內容。但是在專題討論的時候，因為是你一言我一語，光是要追著誰說了什麼、誰又推翻了什麼就已經很累了，更別說要完全理解「討論」的內容，尤其是自己還得適時在其中發表意見！所以通常我會先擬好想法，在時機恰當的時候把先前準備好的意見說出去，這時候心裡會有「呼～」鬆了一口氣的感覺，因為這表示我參與到了。我感覺這就像在餐廳或是居酒屋時聽附近的人用英文聊天一樣，因為不是對著自己說話，很難聽得懂，不像日文，不用太花力氣自然就知道附近的人在說什麼。如果有人問我人生中最努力念書是什麼時候，我肯定會回答就是我頭一年讀碩士的時候。

4 當助教當得像全職工作一樣

總之，第一學期結束，我終於完成所有入學時的附帶條件，正式成為南方衛理公會大學的學生了。

TA（Teaching Assistant），可以翻譯成「教學助理」，顧名思義，就是大學老師在實驗或實習課中無法顧及學生時，請研究生協助的兼職工作。在早稻田大學裡，也有研究所的學長姐擔當TA，在化學實驗課時輔助老師，或是在野外調查時照看學生。

至於美國的TA，則有點不一樣。雖然在理組科目中擔任實驗、實習課的助理這點和日本一樣，但是美國的TA需要負責所有的事情。我想每所大學可能都有點不同，不過我當TA時，包辦的項目有選定教材、決定實驗內容，還要出考卷以及負責所有學生的成績。雖然TA的工作內容是和授課教師討論後才進行的，但是被委予全權負責的實驗、實習課，其成

我自己擔任TA時，主要的工作是影印課堂上要用的資料和負責野外課程的帶隊，比較像是聽從老師的指示去協助他們。

果會反映在學生的成績上，可謂責任重大，所以ＴＡ常常會用「My Kids」來稱呼學生，雖然意思上是指學生，但是這種稱呼會讓ＴＡ擁有責任者的自覺。另外，授課教師也會這樣稱自己教課的大學生，但是對研究生卻不會使用。從這一點，也可以感受出研究生的確是被視為是準社會人。

因為有責任者的自覺，所以在擔當ＴＡ時，會先做完ＴＡ該做的事情，再開始自己的課業或是研究。有時候也會出現「明天我也有考試要準備啊！」一邊這樣想，卻一邊給「我的孩子」改考卷、打分數。我在研究所期間，擔任了基礎地球科學、解剖學、海洋學的實驗、實習的ＴＡ。每次接下新的科目，就得要花相當多的時間備課，如果實習課有同學缺席，還得再找日子幫他補課。這樣看來，ＴＡ已經不算兼差，簡直是全職工作了。在研究所期間，我努力兼顧自己的課業和帶實習課的準備，努力對抗睡魔，與此同時，早稻田大學的同學已經順利取得碩士學位了。

現在，我成了追趕別人背影的人。

第8章 開始研究

1 一邊在美國，一邊在中國「短期留學」

進入南方衛理公會大學整整三年後，我終於取得碩士學位。剛開始的頭一年，我把時間都花在上課和基礎研究上，直到碩士課程的第二年才開始進行自己的研究。我的研究材料是富田老師在中國內蒙古挖掘時所發現

中新世：區分新生代七個世中的一個，約2300萬年前到530萬年前。

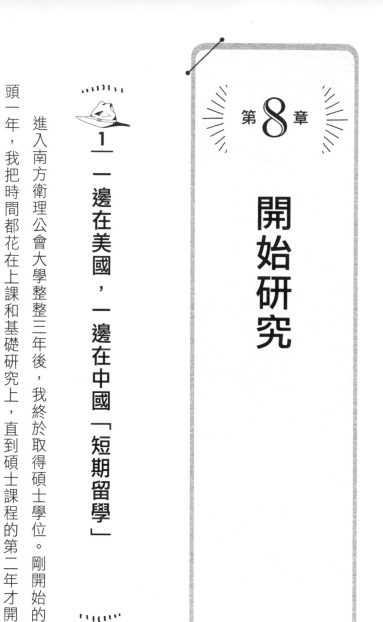

的化石，來自中新世前期的化石產地（約一千八百萬年前至一千七百萬年前），跳鼠科底下的亞科動物長尾跳鼠。

跳鼠是目前在沙漠等乾燥地帶仍分布眾多的小型嚙齒類動物，有大大的眼睛和長長的腳，像袋鼠一樣一蹬一蹬的跳躍模樣非常可愛。不過在中新世前期的時候，尚未出現可以適應沙漠地區的跳鼠，相反的，生存在這個時期的長尾跳鼠化石種，被認為是生活在森林裡。從森林這樣潮溼的環境中，逐漸演化出可以適應乾燥地區的物種，這種戲劇般的演化過程充滿了魅力，深深吸引著我。

中國的標本是無法攜帶出境的，因此為了要親自研究化石，我必須前往管理標本的IVPP（中國科學院古脊椎動物與古人類研究所），盡可能的多待一段時間以好好觀察化石。身為學生，我有的是時間，

但沒有的是錢，幸好當時IVPP所在的北京，物價不到日本的一半，因此不用花太多錢就能長時間逗留。

為了負擔北京的住宿費，我想到一個方法，就是把達拉斯的公寓退掉，直接搬到北京找便宜的住宿。這樣的話，就可以將達拉斯的租金拿來付北京這裡的住宿費，除了這樣運用獎學金外，沒有別的方法了。

擇日不如撞日，一念之下我立刻將公寓解約，然後把微波爐、床墊等最低限度的生活用品，堆放在我研究所的書桌處，同學笑我：「該不會是要連夜跑路啊？」我快速的將東西準備好，希望能盡量在暑假期間多爭取一點時間留在北京生活。

一到IVPP的研究所和大家打完招呼後，雖然感到一陣疲累，不過IVPP老師的和藹親切令我覺得安心。負責看照我的是中國內蒙古調查隊的領隊，同時也是東亞的小型哺乳類化石研究的知名學者——邱鑄鼎老師。此外，我還向邱老師的學生，當時正在攻讀博士課程的李強先生請教許多事情。

在借了書桌和顯微鏡後，我的「辦公室」就完工了！邱老師隨即給了我一個裝有化石的塑膠盒，「就是這個唷！」裡面裝的是我碩士論文的材料——長尾跳鼠化石，對我而言這盒子簡直就是個寶箱。作業的方式是，先用很細的昆蟲針和水彩筆，深入牙齒的齒溝把裡面的堆積物清潔得乾乾淨淨，至於清潔的技巧是李強先生教我的。我在這裡體會到工欲善其事，必先利其器的道理，如果昆蟲針太細，就沒辦法對付硬的沉積物；如果太粗，則無法深入牙齒的齒溝，水彩筆也是如此。萬一不小心損壞牙齒，就利用水的表面張力，將碎片聚合在一起，然後用水彩筆滴上一層薄薄的黏著劑，黏住這些碎片，這時就不適合用合成纖維做的水彩筆處理。邱老師直接教導我要怎麼讓大小不超過一毫米

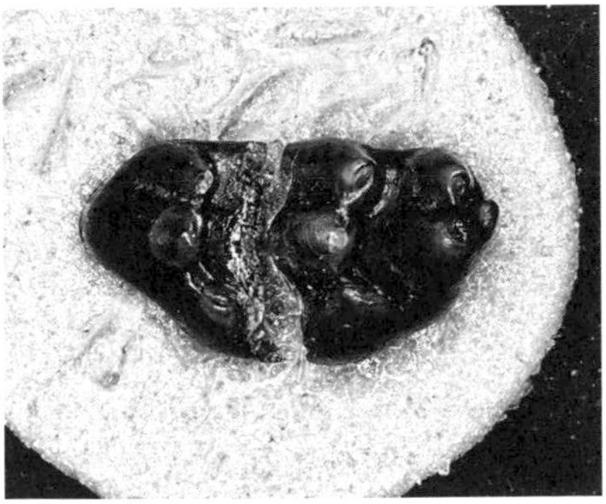

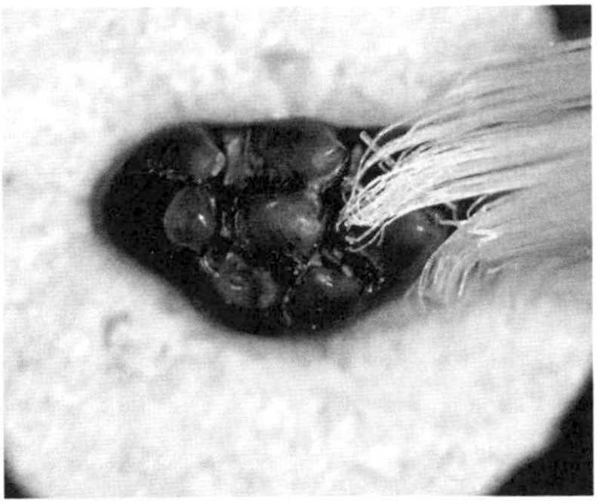

我學會了修復損壞的小型化石技術，由邱博士親自傳授。左邊是修復前，右邊是修復後。

的碎片好好的結合，這實在是一項精密的技巧。到暑假快結束前，我已經學會依據牙齒形狀進行分類的技巧，同時對於邊核對參考文獻，邊進行物種的鑑定工作也進展的頗為順利。

距離研究所走路約十五分鐘的地方，有個青年旅館，旅館的房間裡有三張上下鋪的床，總共可以住六個人，是那種需要請櫃檯開關門的古老旅館。床很小，幾乎無法翻身，上面鋪著很薄、薄到沒什麼用的床墊，也因此睡覺常睡得腰痠背痛，早上醒來更是痛苦，儘管如此，這裡一個晚上才五百日圓，實在是太感心了。

由於同寢有其他長期住宿的學生，做為室友，我們會用漢字在紙上交流，一起吃飯、一起觀光、擁有許多快樂的回憶，除了其中兩件事……

一個是衛浴的部分，雖然有分男女廁，但是女廁只有一間，而且廁所和洗澡的地方是連在一起的，準確來說，蓮蓬頭就設在廁所的內側。洗澡的時候，得穿著厚底的海灘涼鞋，盡量邊憋氣邊洗澡。我實在是不喜歡這種衛浴合一的廁所形式。

另外一個是食物中毒。我在這裡停留期間，經歷了「人生最痛苦事情排行榜」中的第一名：食物中毒。更慘的是，我還倒在廁所裡，這是我非常想要消去的記憶，但關於廁所的回憶，卻成了我在中國生活中無法忘懷的一部分，因為當時居住的那間青年旅館現在已經拆除一空，所以廁所反而成為我珍貴的記憶。

2 尋找小型動物化石（內蒙古篇）

我大四時參加的內蒙古挖掘調查，之後數年仍持續進行，我也以兩年一次的頻率回來參加這個調查隊。我已經漸漸習慣這個匍匐在戈壁沙漠東邊的廣袤草原上尋找化石的調查，開始增加自己的自主行動。

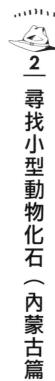

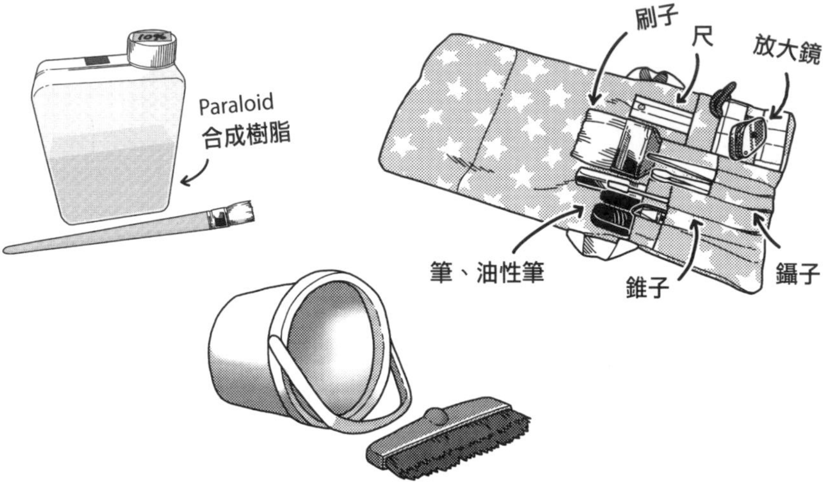

如果挖掘的目標是大型的動物化石，一旦在地表發現部分露出來的骨頭時，就會從沉積物中將骨頭挖掘出來（如果沉積物不會太硬的話），這時通常是用錐子或是刀子清除化石周遭的沉積物，再用刷子清理乾淨。在過程中，如果化石脆化，就用瞬間黏著劑黏合，或是用刷子塗抹 Paraloid 合成樹脂溶液以強化固定。這個過程宛如《侏羅紀公園》中的場景。

但如果挖掘的目標是小型的動物化石，情況就不一樣了。小型的動物由於體型小，骨骼也相對纖細，在形成化石的過程中，這樣小的骨頭可能會破裂，導致很難判別原本的形狀。此外，由於被獵食等原因，這些動物的年輕個體死亡率比較高，但年輕個體的骨頭還在成長，骨骺和骨幹還沒有癒合，相鄰的骨頭也還沒連接在一起，因此整個骨架變得很零散。事實上，小型動物的頭骨化石是非常珍稀的。除非是像化石石板一樣被地層封住，否則只有像鼴鼠那樣在地下生活，或是像河豚或河狸這種較大型的動物，才有可能成為化石保留下來。

另一方面，由磷酸鈣組成的大型結晶所形成的牙齒則十分堅硬，常與砂礫一起埋在地層中，容易形成化石。所以當發現小型動物的化石時，幾乎都是找到牙齒。因為是小型動物的牙齒，所以非常小，如果體重為兩百公克、約手掌大小的嚙齒類動物，其牙齒一顆大小只有約兩公厘而已，依據牙齒的種類，有的甚至不到一公厘。

不過，即使一直在地上匍匐前進也不見得能找到這樣小的牙齒，因為牙齒常和砂石混在一起，而用肉眼可辨別的程度最小也就一公分左右，所以這個領域長久以來都沒有太大的進展。直到一九五〇年之後，因為導入了用於浮游生物和微體化石的「小化石篩洗法（水洗篩選法）」，能夠有效率的發現小型牙齒的化石，小型哺乳類化石的研究才開始蓬勃發展。

挖掘小型牙齒化石的工具是用鏟子和麻布袋，以及小化石篩洗法用的篩網，不會用到刀子和刷子。

一到露頭，首先會先到處走走仔細觀察地表。我們進行調查的內蒙古區域地勢很平，即使傾斜也只有幾度而已。也就是說，走在地層表面的相同高度上，就等於是水平的走在同一個地層上，因此如果爬上比較高的地方，就是走在沉積在該地層上方（也就是比較新的地層），如果是走往較低的地方，就是走在較古老的地層上。透過這種方式走動，當眼睛適應環境後，就比較容易從被砂礫覆蓋的地表上發現比較大的牙齒化石。

河狸的牙齒大約是一公分，比較容易發現，然後也有找到三公厘大小的鼠兔牙齒。只要發現，標記GPS位置，以及記錄地層的高度（例如「在紅色和綠色地層的界線上方兩百公分處」之類），就是一筆紀錄。如果大家的紀錄都能夠匯集起來，就能了解這些無名的地層中哪裡化石比較多，最後形成這地區的整體圖像。

～（水洗篩選法）的正式導入

參考文獻：河村善也，1992，小型哺乳類化石標本的採集與保管。哺乳類科學，第31卷，第2期，第99頁至第104頁。

一旦發現可能存有化石的區域，就將地層表面風化的沉積物裝進麻布袋裡帶回。其實一般是盡量不要取表面風化的沉積物比較好，因為可能會混到不同時代的化石，甚至是現代動物的遺骸，但是因為這個調查地區的地層幾近於水平，表示是同一個年代的地層，所以即便有混合物，問題也不大。而且這裡的沉積物很鬆散，有利於後續的作業流程，在時間和設備都有限的情況下，恰好可以達到最理想的成果。

把裝有沉積物的麻布袋拿去秤重後，接下來就是要進行小化石篩洗。在黏土質的沉積物中有米粒般大小，甚或更小的化石，還有砂粒、石礫等物質，此外，還摻有植物的根，以及在內蒙古草原上被放牧的山羊或羊的糞便。

雖然小型哺乳類的化石非常小，但是不可能小過泥土，也不可能大到和大顆石礫一樣大，所以將沉積物過篩，集中取得某種程度大小的顆粒，更能有效率的蒐集到化石。

由於泥土的粒子很細，很容易因為乾燥而結塊，因此需要先打散再過

篩。雖然有藥物可以分解泥土中大多數的有機物，但因為此處的沉積物不會太硬，而且原本就是選擇比較鬆散的地方採集，所以只需要靠水就可以分離這些團塊，如果化石是困在泥團裡，用篩網就能將它取出來。

將三個不同網目的篩網疊放在一起後，將沉積物放在最上層、同時也是最大網目的篩網上，然後灑水，因為用水洗，所以這方法稱為「篩洗法」。第三層的篩網網目最小，當第三層流出土色的水，表示不需要的泥沙已經隨著水流走，就這樣一直放水流動，直到流出的水不再混濁為止。

內蒙古屬於乾燥地區，因此水資源對我們而言是個問題。雖然現在隨著季節異地遷徙的家附近有水井，但是因為水位低，同時主要提供給家畜使用，所以無法分給我們。而即使在少數較大的城鎮裡，水依然是非常珍貴的資源，所以也不能任憑水就這樣流走。

因此，調查小組只好利用下雨時積水的水窪，但是這些水窪也會有家畜動物來拜訪，因此水邊有許多羊大便，水裡還可以看見蝌蚪蝦翻動濺起

四處走動找到目標後，將要進行篩洗法的沉積物挖進麻布袋裡面。

的水珠。用泵浦將含泥的水抽起使用，最後再流回水窪裡。在篩網中可以看見許多動物糞便或蚪蚪蝦，所以在進行篩洗法時，不時還得清除這些東西。

即使如此，在現場篩洗仍然很重要。因為這樣密集的篩洗，可以從原先一卡車的沉積物，濃縮只需兩台房車就可以載回研究所的量，當然，其中仍然混雜著蚪蚪蝦就是了。

進行篩洗法的樣子。因為是炎熱的天氣，所以適合進行這種能接觸水的作業，不過作業很辛苦，手也因為一直碰觸砂粒而變得粗糙。

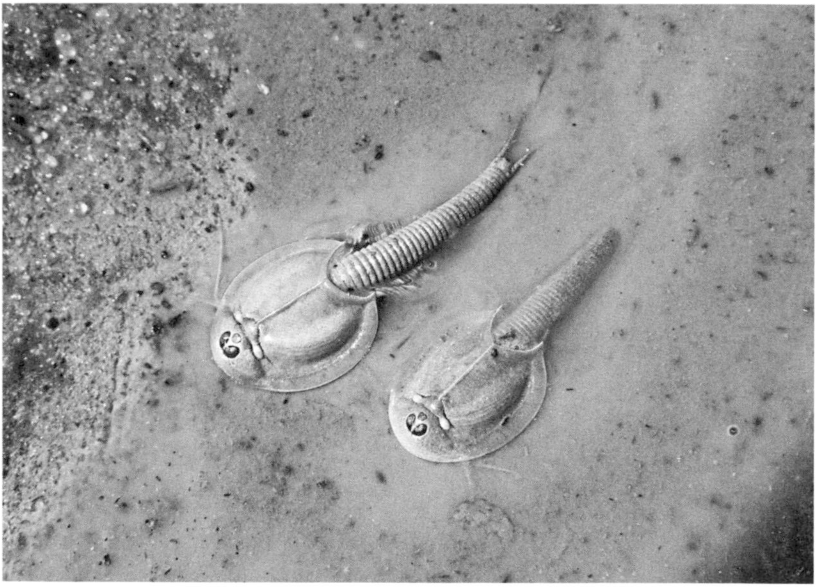

蝌蚪蝦。因為不小心被泵浦抽進來，之後又堆在篩網上面，感覺很可憐。

3 尋找小型動物化石（實驗室篇）

回到研究室後，我將這些辛苦帶回來「（應該有）豐富化石的沉積物」再仔細的淘洗、乾燥，然後放到解剖顯微鏡底下觀察，慢慢挑出化石來。不需要高倍數的顯微鏡，只要能放大六到二十倍，至多到五十倍就能夠找到化石了。不過，如果要長時間使用，還是推薦有高級鏡片的顯微鏡比較好。我最喜歡的顯微鏡是WILD公司出的，已經絕版的Wild M5顯微鏡。能夠隨身攜帶，是我很好的工作夥伴。我在富田老師那打工時，老師用的就是這一款，我喜歡到想要擁有自己的一台，於是在拍賣會上標到了。這台顯微鏡至今依然受到古生物學家的歡迎，相當有人氣。

在顯微鏡底下慢慢的將化石挑出來，這個作業通常稱為「揀選」。一直不停的看著這些細小顆粒，會漸漸的不知道自己看到哪裡，所以有個祕訣，就是用有像方眼紙般，有格紋的培養皿，逐格檢查，這方式常用在檢查小型化石甚至是微體化石上。

找到化石後，用鑷子將它取下。牙齒的化石很硬，不用擔心用力夾緊會被壓壞，反而要擔心的是萬一不小心沒夾好，飛出去就慘了。因為得在桌子、椅子附近大規模的尋找，所以不注意不行。

經過重重步驟揀選出的化石，其牙齒的齒溝之間仍然卡著許多沉積物，所以還要再處理。我用昆蟲針將齒溝間的雜物掘出來，再用水彩筆小心的刷掉，整個過程就彷彿我是化石的牙醫一樣。

最終，透過這樣的方式挖掘到的小化石，大致會用兩種方法保存。

一個是將化石放在橡膠墊上，然後

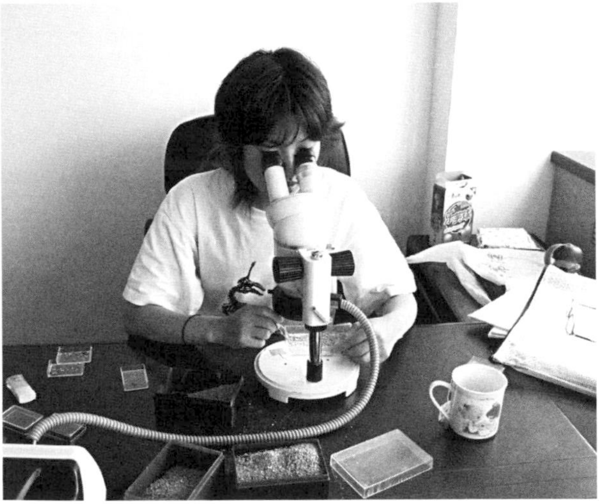

從篩洗過的顆粒當中，揀選出化石的作業。此時陪伴我的是我的最好的工作夥伴——Wild M5 顯微鏡。

蓋上盒蓋來保存。這樣可以放入大量的化石且不太占空間。因為容易單獨取出，所以當想要用顯微鏡比較幾顆化石時會很方便。只是，橡膠墊常隨著時間劣化，不太容易長期保存個數十年。

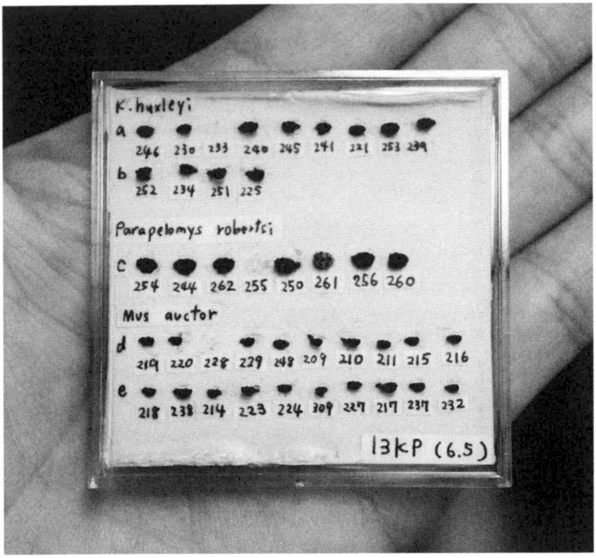

在如同橡皮擦般的橡皮上放置的是巴基斯坦的鼠類化石。

另外一種方法，是將化石放進軟木塞玻璃瓶裡保管。不過，不是直接把化石放進玻璃瓶就完事，而是將昆蟲針的尖端插進軟木塞，再把化石黏在昆蟲針的針頭上，這是美國常採用的保存方法，當打開博物館的櫥櫃，可以看見軟木塞玻璃瓶整齊的排列在開了孔洞的木板上，這種保存方式至少可以放三十年以上，是具有長期保存優點的保存方式，只是開闔玻璃瓶時，化石可能會彈跳出去，要從軟木塞上取下化石來觀察也很麻煩，這是這種保存方式的缺點。

化石既是研究材料，也是要留給下一代的珍貴財產，所以在保存時既要考慮研究的方便性，也要考量如何長期保存，很難決定哪個比較重要。南方衛理公會大學是採用後者，雅各布斯老師那雙厚實的手看似不適合處理小化石，卻能靈活的將化石放入玻璃瓶中。

標本管理的工作是登錄新的標本，或是將標本借給其他的研究機構，由於需要處理經年累月積累的標本資訊，因此責任重大。

我因為字很醜，不擅長在化石上標注標本號碼，但鈴木的字很漂亮，總是能像職人一樣完美的完成任務。

4 內蒙古是森林樂園

蒙古是恐龍化石的聖地。如果搭乘時光機到白堊紀後期的蒙古地區，然後快轉時間軸，就可以在那塊土地上看到恐龍時代的結束、各種動物的興滅，以及新的物種出現，見證演化和滅絕的磅礴戲劇。

當迅猛龍襲擊原角龍的場面登場，不久後就會出現除了鳥類之外的恐龍滅絕的高潮瞬間，逃過這場大滅絕的哺乳類開始多樣性發展，先是誕生了史上最大的陸棲哺乳類——巨犀，不久之後，又換成鏟齒象登場。這是一頭看起來像大象的動物，下顎往前延伸，有著像鏟子的厚斗，這種奇異大象的出現時間，是中新世的中期。啊啊啊！時間好像拉得太遠了，稍微回來一點，回到中新世

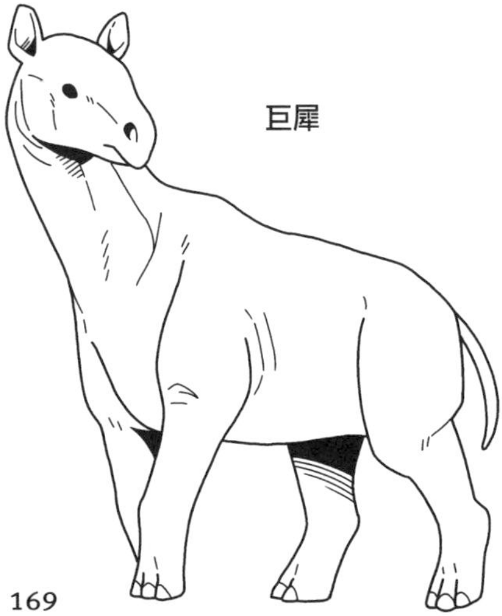
巨犀

鏟齒象

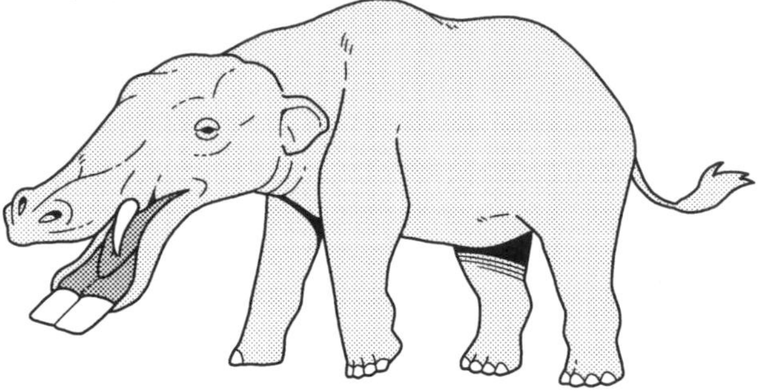

前期（約一千七百萬年前）的內蒙古吧！

當時的內蒙古廣布針葉林和落葉林混合而成的森林，也有矮灌木和草本植物生長，比較開闊的地方。現在只在寒冷地區能見到鼠兔在這裡四處活動，也能見到一些如今只生活在美國西海岸針葉林的山河狸，以及會把身體縮成一團冬眠的日本睡鼠等。還有在日本岐阜縣中新世地層發現的始鼠類、跳鼠類（僅限長尾跳鼠亞科）等化石，在當時種類也非常多。

現在的內蒙古是非常乾燥的地區，中部地區多虧了夏季時偶爾會降下的局部陣雨，形成了廣袤草原，而最乾燥的地方則是西部地區，是一片沒有任何綠意的沙漠，但是在逐漸乾燥化的中新世後期之前，這裡也曾是綠意盎然的地方。

進行調查時，我發現內蒙古的跳鼠科長尾跳鼠類動物，與北美和歐洲已經報導過的屬很相似，目前尚未確定是因為碰巧，或是因為牠們橫跨了大陸。而內蒙古的地點恰好在北美和歐洲的正中間，是兩邊的連接點，如果不是剛好湊巧相似，那麼就要思考這個小傢伙是如何跨大陸遷徙。

出於對這問題的假說著迷，所以我在碩士課程中專注於研究長尾跳鼠類的分類學，並試圖闡明牠們是如何在大陸間移動的。

再提一次，像長尾跳鼠這樣的嚙齒類動物化石，通常只有牙齒化石可以用來分類，而在哺乳類中，嚙齒類動物占最多種，數量可達兩千六百種。不難想像，存在的化石一定也非常多，但光用牙齒是否就能進行分類呢？答案是可以，但也不可以。

比起其他的哺乳類，嚙齒類動物牙齒型態更多樣，所以某種程度上的確是可以用來分類。不過，最近的基因研究顯示，即使牙齒的形態相似，也可能會判定為新的物種，也就是說，古生物學中基於形態來分類的化石物種，可能會不符合現在生物學上的「物種」定義。

逐漸乾燥化的中新世後期：約800萬年前這個地區開始逐漸乾燥。

基於牙齒形態所進行的分類研究，就像是拼圖一樣。區分牙齒的種類（例如，上顎的第一大臼齒等），分成形態相似與不相似的兩群化石。接著，再和已經發表過的物種比較，進一步的比較形態上的特徵後再細分開來。如果看到不一樣的特徵，可能就需要判斷這是同種的突變或是新種的特徵。

就這樣土法煉鋼的進行比對，在內蒙古發現的化石中，總共辨識出六屬九種的長尾跳鼠亞科。在同一個化石產地，竟然能發現這麼多屬於同一個亞科底下的屬和種，實在太難能可貴了。

而且不僅物種繁多，化石的數量也非常可觀，這表示這個化石產地是很特別的。

因為這個研究涉及長尾跳鼠在大陸間的移動，所以我們調閱了歐洲和美國的論文進行文獻調查，無論是哪邊的化石產地，都只能發現一、兩種的長尾跳鼠，只占了該地區全部哺乳類相中的幾個百分點，最多不會超過百分之十。但是內蒙古的化石產地卻發現了九種長尾跳鼠，高達這地區目

科屬種：生物的分類階層主要有七層，由高至低分為別「界、門、綱、目、科、屬、種」，階層越低，親緣關係越親密。

動物相：是指某一地區某時段的特定動物種群。

前發現哺乳動物相中的百分之三十。
看來過去的內蒙古森林，是長尾跳鼠的樂園。

5 為長尾跳鼠類動物命名

這次發現長尾跳鼠類的六個屬當中，有兩個應該是新發現的屬，需要給牠們名字。我一邊想著要依據牙齒的形狀來命名，一邊開始在拉丁語辭典中找出適合的單字。

首先先思考 *Sinodonomys* 這個屬，這個屬名帶有「中國＋牙齒＋鼠」的意思在裡面，和目前已知的 *Litodonomys* 屬一樣是在中國發現的，兩者形狀雖然相似，但這次發現的化石牙齒形狀更為單純，因此我想在種小

6 個屬：

- *Heterosminthus* 異蹶鼠
- *Plesiosminthus* 近蹶鼠屬
- *Litodonomys* 簡齒鼠屬
- *Sinodonomys* 中國齒鼠
- *Omoiosicista* 似長尾跳鼠屬
- *Sicista* 長尾跳鼠屬

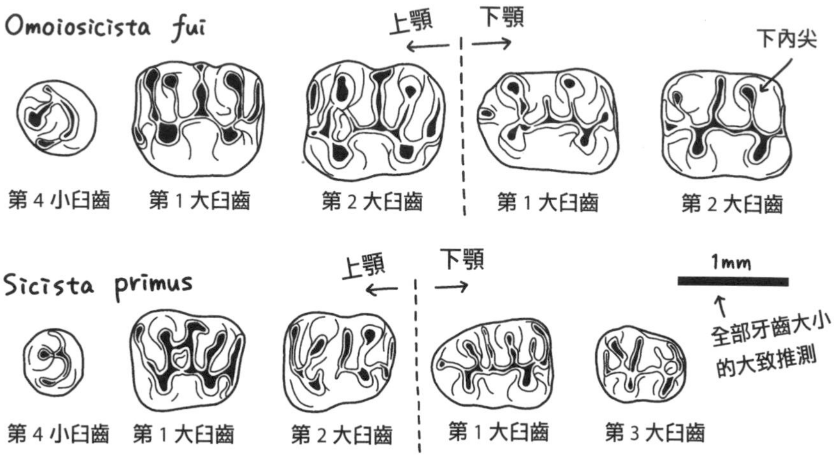
Omoiosicista fui
上顎
下顎
下內尖
第 4 小臼齒
第 1 大臼齒
第 2 大臼齒
第 1 大臼齒
第 2 大臼齒
Sicista primus
上顎
下顎
1mm
全部牙齒大小的大致推測
第 4 小臼齒
第 1 大臼齒
第 2 大臼齒
第 1 大臼齒
第 3 大臼齒

名的部分保留形狀單純這個特色，暫且先將種名訂為「*Sinodonomys simplex*」。為什麼說是暫訂的呢？因為論文在還沒經過研究員的審查通過前，不能說這個名字是正式的。

還有一個化石，外觀非常獨特，和長尾跳鼠類的化石都不一樣，尤其是在下顎的第二個大臼齒上的下內尖之處所發現的特徵，從中央尖到臉頰延伸的脊線非常的短且脆弱，這點在其他長尾跳鼠類的化石都不曾發現過。此外，沿著牙齒正中央的橫向紋路（臉頰到舌頭的方向）較淺，一直延伸到牙緣，這是現有的長尾跳鼠屬（*Sicista*）的特徵。由於還有其他和

生物命名：生物的學名是由拉丁文寫成，最簡單寫法是「屬名＋種小名」，屬名是名詞，而種小名通常帶有該物種的特色，大多為形容詞。

中央尖：牙齒咬合面上的凸起。當牙齒咬合時，這些凸起能夠和對向牙齒凹下的形狀合在一起，有咀嚼並咬碎食物的功能。

長尾跳鼠屬相似的特徵，因此取名為「*Omoiosicista*」，拉丁文的意思是「相似＋長尾跳鼠屬」。新的種名暫時定為「*Omoiosicista fui*」。「fui」的來源，是來自富田老師的「富」字。用中文讀「富（fu）」這個字，再加上拉丁文的陽性形式「i」，就成了「fui」。原本想直接用富田老師名字「tomidai」，但礙於這是中國的化石，有所顧忌，所以最後用了「fui」，這就是這個學名的命名由來。

仔細觀察形態分類之後，在美國已經命名的長尾跳鼠類化石中，有兩個和這次內蒙古報告中的六個屬是相同的。一個是，現在僅分布於歐亞大陸中高緯度地區的長尾跳鼠屬（*Sicista*），另一個則是近蹶鼠屬（*Plesiosminthus*）。這表示長尾跳鼠類的動物，至少有兩種穿過白令陸橋到達北美洲。不幸的是，牠們在北美洲並未順利存活下來，在中新世後期似乎就滅絕了。

此外，還有一個重大發現。這次在內蒙古發現的長尾跳鼠

Plesio 的拉丁文意思是相似唷！

我知道 *Plesiosaurus*（蛇頸龍）！

屬化石，是從約一千七百萬年前地層挖出來的。也就是說，長尾跳鼠屬是一種已經生存了一千七百萬年的嚙齒類動物。在此之前，所發現的最古老長尾跳鼠屬化石是在八百萬年前地層中，也就是比這個屬的生存年代整整多了九百萬年！這個發現到底有多珍貴呢？在所有的嚙齒類動物中，從中新世前期一直存活至今只有七個屬而已，而占哺乳動物總數四分之一的鼠形亞目中，長尾跳鼠屬是唯一的存在！我們給這個化石種一個擁有「最初的」意義的名字，暫且稱為 *Sicista primus*。如果這個世上沒有 Toyota 豐田汽車的 Prius 車系，我說不定就會命名為 *Sicista prius*，不過我是挺喜歡 *primus* 這個名字啦。

從二〇一〇年開始的三年間，我用三篇論文，向國際發表了六個屬九個種，成為了長尾跳鼠類的正式命名者。

6 跨越自己所設下的藩籬

「好想成為古生物學家」這個心情自七歲開始就未曾動搖過，但是「能成為古生物學家嗎？」的懷疑卻一直伴隨自己，即使進了研究所、甚至到了美國留學，依然不時的問著自己。

因為熱愛，自然不想放棄，但是，如果有誰跟自己說「不適合」，說不定也會斷然的走上別條路。結果，我在國外讀碩士時依然被這念頭困住，花更多的時間思索自己未來的人生。

不管是要繼續走下去，或是另闢蹊徑，最終應該要得到什麼樣的評價，自己才能下定決心？我想到了對於研究者的評價而言，非常重要的「獲得研究資金」和「發表」這兩項。我決定在碩士生涯裡，去爭取研究經費，哪怕是錢很少也沒關係，然後要在國際學會裡爭取到給學生的獎項。如果能達到這些目標，我就繼續攻讀博士班，繼續讀古生物學！如果

「獲得研究經費」和「發表」：關於未來方向的詳細說明，請詳見第 3 章。

沒做到的話……到那時就放棄追求當研究者的夢想。但即使放棄，也不會對過去所付出的一切後悔，仍然希望能和讀古生物學時認識的老師或朋友保持聯繫。

既然下定決心，就要堅定意志。

接下來，就是要找尋找競技場了！

找研究經費這件事很單純，因為對外國學生而言，選擇並不多。在古生物學領域裡，主要是向美國地質學會（Geological Society of America）提出，所以以此為目標，同時也申請了其他地方。

之前曾提過我在中國住過一段時間，當時就是靠研究經費才能夠實現計畫。之後，去了位於美國首都的國立史密森尼自然史博物館，在收藏庫裡觀察標本，並納入碩士論文的數據中。進入博物館時，別上外部研究者專用的徽章後，被帶到有「博物館的後場」之稱的收藏庫，那時的興奮感實在令人難以忘懷。我還偷偷傳了好幾張照片給我媽媽。想起這些，湧起懷念之情，真的很高興當初提出了申請。

我在申請研究經費時，學到了一件事，就是即使提交的申請書內容大同小異，但依據申請時的項目不同，可能會得到不同的評價。既然每個項目的評判標準不同，就不一定每個都會得到「非常好」的評價，更多的可能是「尚可」而已，無論如何，這都是對於要進行的研究的客觀評價，對於未來有很大的助力。

另一方面，如果申請沒過，得不到研究經費時，就像是在原地踏步，真的很令人懊惱。不過，也不能每次失敗都懊惱不已，將研究視為是工作的人，也是需要習慣失敗。就這樣，汲取每次失敗的經驗，最終也是跨越了第一道藩籬。

接著就是發表了！我很早就決定要參加ＳＶＰ舉辦的學生競賽。留學之前，我和雅各布斯老師，第一次見面就是在ＳＶＰ的會場。學生競賽包括海報發表和口頭發表，最後得獎者會得到以著名古脊椎動物學家為名的科爾伯特獎和羅默獎。

科爾伯特獎和羅默獎

科爾伯特獎是紀念艾德溫・科爾伯特（Edwin H. Colbert），而羅默獎則是紀念阿爾弗雷德・羅默（Alfred S. Romer）。

其中，最精采的莫過於羅默會議上的口頭發表了！參加資格是獲得博士學位後一年內的學生，機會只有一次，只有在投稿者當中的佼佼者，才有資格站上這個舞台。

試想一下，要獲得博士學位起碼得花個五年的時間，也就是說這五年的努力、研究成果等，得濃縮在十二分鐘的報告以及三分鐘的QA內精采呈現，當然審查員和聽眾情緒會隨之高漲，競爭的氣氛更加濃烈。

我也想要站上這個競技場……看過之後自然會產生這個心情。而這個願望在四年後實現了。當我在羅默會議上等待時，感覺自己緊張到心臟都快從嘴裡跳出來，一站上會場，我清楚記得自己變得非常鎮定……雖然最後沒有獲獎，但我記得自己留下了很好的成果（或者說經歷）。

現在，我剛取得碩士學位，要挑戰的是海報比賽。不僅要比研究內容，還有比文字的易讀性、如何運用色彩，文字和圖的比例是否平衡等綜合能力的呈現。

古脊椎動物學運用了各領域的智慧和方法來重建滅絕動物的姿態。當時（可能現在也是）最厲害的是透過CT影像和3D建模復原出古生物的腦、耳朵等眼睛無法直接觀看的化石內部構造。試想恐龍的腦幹浮在空中不停旋轉的畫面，不覺得很酷嗎？

但我研究的是小型哺乳類的化石，光外觀看起來就不炫，而我的海報模樣還很傳統，一點都不華麗，所以沒有什麼人前來觀看，我站在自己的海報旁邊，漸漸覺得有點丟臉。

當海報時間結束之後，我精疲力竭，一卸除緊張感，反而開始大哭，很想要跟誰說說話，所以我打了國際電話給媽媽。

「第一次參加難免誰都會這樣，其實光是能參加就已經很厲害了呢！」媽媽的聲音聽起來很開心。但這不僅是我的第一次，可能也是最後一次了呢……我沒辦法跟媽媽這樣說，就掛上了電話。因為已經喪失自信，所以再度看到自己做的海報時，我又哭了，我躲進廁所把海報撕碎，然後丟掉了。

一直以來追求的古生物學家之路，難道就要在這裡畫上句點了嗎？既然要放棄，那就讓我在這令人憧憬的學術舞台上多哭一點吧！

所以，當我得知自己得到科爾伯特獎，可以繼續攻讀小型哺乳類化石的博士班時，驚訝得不得了，至今都不敢相信！雅各布斯老師高興到就像是自己得獎一樣，讓我不禁想要有朝一日能成為像他一樣的學者。

所以第二道藩籬也跨越了，雖然有種丈二金剛摸不著腦袋，莫名其妙的感覺。

在SVP上所獲得的獎項。左邊是科爾伯特獎，右邊是瑪莉．道森獎（Mary R. Dawson，為了博士研究而爭取的獎學金）。瑪莉．道森是我尊敬的女性古生物學家中的一人。

筆者（左）和路易斯．雅各布斯老師，在海報競賽中獲得科爾伯特獎後的合照。

第9章 人類為什麼要研究化石呢？

1 恐龍獵人與中亞探險隊

在古脊椎動物領域中，有一群稱為「恐龍獵人」或「化石獵人」的人，他們在險惡環境中不斷發現令人驚嘆的化石，所以用這種帶有敬意的稱號稱呼他們。同為雅各布斯研究室的前輩，北海道大學的小林快次先生，就是現代的恐龍獵人。

說到恐龍獵人，若你是恐龍迷或是古生物迷，應該要知道這位身為「恐龍獵人」的傳奇人物，那就是美國自然歷史博物館的羅伊·查普曼·安德魯斯（Roy Chapman Andrews）。

安德魯斯據說是電影《印第安納瓊斯》主角的原型人物。在電影中，男主角是位考古學家，冒著生命危險去探險，靠著驚人的直覺和特立獨行的行徑，屢屢斬獲新發現，而這個形象就是安德魯斯的寫照。

對我這位古生物迷來說，他的生平經歷令人動容。

身為博物館的學者和探險家的安德魯斯，自幼喜歡動物，大學畢業後到紐約的美國國立自然史博物館工作。安德魯斯不是看到求才廣告才去應徵，而是直接寫信給博物館表達他想在那裡工作的意願，即便是打掃環境的工作也沒關係。他的熱忱讓他獲得了這個機會。最初，他真的在打雜，後來因為他豐富的動物學和解剖學知識，結交了不少人脈，很快的就成為調查助手。這份最初的工作決定了安德魯斯的命運，讓他受到了幸運之星的眷顧。

電影《印第安納瓊斯》：虛構的考古學家故事，以印第安納瓊斯為主角的電影。

「幸運之星」的來源：是安德魯斯本人用「Under a lucky star」這個表達方式來形容自己。

安德魯斯曾在紐約附近的長島上，調查擱淺的北太平洋露脊鯨，因為這個經驗，所以很快就接到下一個調查任務：他得到了一張前往東南亞的海洋調查船信天翁號的船票。那個年代還沒有商用客機可以搭乘，所以想要橫越太平洋到美國對岸的亞洲去的話，只能搭船。

這艘船首先抵達了通往亞洲的門戶——日本橫濱。當時的日本還處於人民穿和服、跨國往來並不普遍的年代。年輕的安德魯斯在日本登陸，看什麼都很新鮮。接著，他順利完成了信天翁號的調查後，又返回到了日本，留在日本約半年的時間做鯨魚調查，那個時候安德魯斯大約是二十六、七歲左右。

在紀錄中，安德魯斯曾經來過日本的國立科學博物館，參觀常設展中貝氏喙鯨的骨架，而美國有名的科學雜誌《Science》也有過相關的報導。

之後，安德魯斯從鯨魚的研究抽身，轉而成為恐龍挖掘的調查領隊。當時一些和外交相關的重要人物都聚集在橫濱，他促成經濟界和社交界的互動，這對他日後的恐龍挖掘有很大幫助。

留在日本約半年的時間

「參考文獻」宇仁義和等（2014）「羅伊・查普曼・安德魯斯在日本和朝鮮的鯨類調查及1909～1910年在日本周邊的行程」，日本鯨類學研究會第24期，頁33至61。

安德魯斯在韓國和中國進行哺乳類現存動物的調查，接著他將注意力漸漸轉向蒙古和內蒙古。當時科學界還不知道何處是人類的起源地，有一說推測中亞可能是其中一個。關注中亞是人類的起源地和哺乳類動物的演化舞台的，是安德魯斯的老闆、古脊椎動物學的權威──奧斯朋博士。他是首位和世人介紹暴龍的人物，無人不曉。

奧斯朋博士和安德魯斯兩人在一九二二至一九三〇年間，五次遠赴戈壁沙漠及其周圍地區，成功完成最大規模的探險計畫──「中亞探險」（Central Asiatic Expedition），當時安德魯斯三十八歲。

一九二〇年代，因為第一次世界大戰的關係，世界情勢逐漸惡化，與鄰國（主要是日本）存在摩擦的中亞進行之研究調查也遭到批判，此時如果不做點實質成績出來，無法排除這些批評，而安德魯斯又再一次被幸運之星眷顧。

就在野外調查被質疑是否可以繼續的「命運初年」，安德魯斯發現了恐龍蛋的卵殼化石。這個化石產地常因夕陽照耀而染上一片紅色，被稱為

命運初年：這次的調查，開啟了1923年之後的真正挖掘工作。

「炎之崖」。因為在炎之崖不斷發現恐龍的卵殼化石，確認了恐龍是卵生動物，這個消息不僅震驚了整個古生物學界，就連一般社會大眾也非常驚訝，在這一刻，安德魯斯這位傳奇人物就確立了「恐龍獵人」的稱號。

中亞探險隊在化石產地陸續發現了恐龍和哺乳類動物的化石，成績斐然，奠定了今日中國的地質學和古生物學的基礎。

我很喜歡恐龍獵人的故事，也因此對中亞探險隊的事情知之甚詳。直到現在我還珍藏著《尋找恐龍蛋》這部漫畫（高士與市 著／理論社出版）。此外我也有安德魯斯自撰的回憶錄和數本中亞探險隊的報告書。週末閒暇時，如果想冒險的心情突然湧上心頭，我就會打開這些書來看，讓自己沉浸在書中的冒險世界裡。這些舊書紙的香氣，以及那個年代不甚完美的裁切技術，在今日看來更增添了一九二〇年代的冒險氛圍。

現在談到中亞探險，人們都會想到恐龍和炎之崖這些有名的事蹟，但是若你讀過安德魯斯的著作，會清楚的知道他們的目標其實更加遠大。

中亞探險隊將調查的區域，從炎之崖往東南方向推進，得到出人意料的成果。一九二八年，他們抵達了某個區域，雖然這裡沒有什麼引人注目的恐龍話題，卻發現了數量極多的鏟齒象化石。安德魯斯等人在書中把這裡稱為是「古生物學的樂園」。這個下巴長長的大象，被認為興盛於中新世中期，但是安得魯斯等人卻覺得這裡應該是上新世的化石產地。也就是說，中亞探險隊四處探查的真正目的，其實是在「尋找人類起源的地層」。可惜的是，當時日本對滿洲的影響越來越大，他們不得不離開這個夢想未竟之地。

經過歷史的洗禮，這位完成中亞探險的恐龍獵人，成為美國國立自然史博物館的館長。安德魯斯在二十歲的前半段，抓住機會來了日本，還成為了中亞探險隊的隊長，一直到四十歲的前半段，不得不離開日本這個夢想之地，對安德魯斯來說，日本應該會一直深存在他的心裡吧！

安得魯斯一行人在中亞探險的年代裡，沒有GPS、也沒有智慧型手

上新世：區分新生代七個世中的一個，約530萬年前～258萬年前。

機。他們的探險隊中雖然有地理學專家，能一邊調查，一邊比對、確認並標記地圖上的化石產地位置。只是，若沒有人的記憶，要再找到一次完全相同的地點是很困難的，即使是想要再重回「古生物學家的樂園」的正確地點，也變得窒礙難行。

不過，一九九〇年代開始，以中國研究者為主的中亞探險隊，又再次發現了哺乳類動物的化石產地，並確定了地點。這個計畫的中心人物，是洛杉磯郡立自然史博物館的王

深陷泥淖的四輪驅動車。在內蒙古的調查中遇到下雨的日子，即便是性能良好的車子，也可能在沒有鋪設道路的地方陷入泥淖。我想安德魯斯應該也遇過同樣的窘境吧！

曉鳴博士和IVPP的邱鑄鼎博士，他們兩位是我參加內蒙古挖掘活動時的領導者。

記得當時富田老師說要去內蒙古調查時，不可否認我的心中湧起了一股追星似的，想去親眼見證安德魯斯一行人所見過的景色的想法。而當我實際到達「古生物學家的樂園」中，其中一個「鏟齒象的挖掘地」時，所有一切都令我深深感動。

據說安得魯斯等人留下了大量的調查資料，以及當時非

大型嚙齒類動物的顎骨。在地表露出後，遭受風化，等到被發現時已經破碎了。

常珍貴的照片。讓後來王博士等人到達現場時，可以依據和當地人的實際訪談，以及比對照片上的地形特徵等來確認位置。

這是一場探險家和古生物學家的跨時空冒險。

2 人類為什麼要研究小動物的化石呢？

說出來可能會令你驚訝，安德魯斯率領的中亞探險隊其實也發現了小型哺乳類化石。就在他發現恐龍蛋化石的那一年，同時亦發現了漸新世地層裡的嚙齒類化石。

讓我們來看看他的事蹟。

漸新世：區分新生代七個世中的一個，約3400萬年前～2300萬年前。

察干鼠（*Tsaganomys*）是一種豪豬亞目下原始的嚙齒類動物，擁有像人的手般大小的堅硬頭骨和強壯的下顎。頭骨的頂端為了讓下顎閉合時的肌肉附著，發達成肉冠狀。因為這些特徵，一般認為察干鼠會挖掘土壤並在地底下生活。像這樣的動物，常會因為不小心被活埋而原地變成化石。所以通常發現察干鼠的骨骼化石時會比較完整，不會散開。而中亞探險隊所發現的察干鼠也是一樣，即使身處在三百六十度的荒野中，也很容易發現。

他們還發現了更小的動物，例如和倉鼠親緣很近的滅絕種——似倉鼠（*Cricetops*）●，似倉鼠比黃金倉鼠稍大一些，但大臼齒的齒列最多也就一公分。到底是怎麼樣的觀察力，或者到底是帶著怎樣的執著心情，才能發現這個小東西呢？

無論是大如恐龍般的化石，或小至似倉鼠大小的化

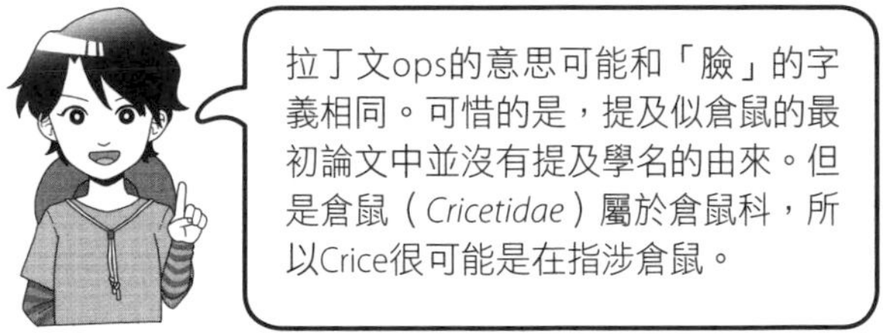
拉丁文ops的意思可能和「臉」的字義相同。可惜的是，提及似倉鼠的最初論文中並沒有提及學名的由來。但是倉鼠（*Cricetidae*）屬於倉鼠科，所以Crice很可能是在指涉倉鼠。

如果是三角龍的話我還是知道的。

石，最終都一起標上編號，收進美國國立自然史博物館的收藏庫裡珍藏。雖然小型動物的化石很珍貴，但是吸睛度遠遠不及恐龍化石，這是不爭的事實。儘管如此，無論是在安德魯斯的年代，或是直至現在，那些遠古的小動物仍然充滿魅力，令人想要一直深究探索。

為什麼呢？

因為這些小動物化石不僅僅代表物種的發現，更是告訴我們有關地球歷史和生命史的寶貴信息。

相信很多人小時候都養過倉鼠，擁有不少回憶吧！牠們的壽命只有兩三年，可能對小孩而言，倉鼠是第一個生命教育的活教科書。我們家也不例外，我家哈姆太郎的名字叫做「悟空」和「悟飯」。

壽命短、繁殖力強，這種倉鼠的生存策略或許就是前文中所提到的寶貴信息。

悟空和悟飯：日本知名漫畫家鳥山明的經典漫畫《七龍珠》的主角名字。

例如，大型動物的代表，非洲象的平均壽命為六十至七十年，一直到十四歲左右才有繁殖力，然後妊娠期長達兩年之久，最後才生下一個仔象。在大象生命結束前，最多也只有十至十二個子代而已。

另一方面，倉鼠的平均壽命，在人類的飼養下大約兩至三年，雖然短暫，但是出生後約兩個月就可以開始繁殖，妊娠期大約只要二十天就可以一次誕下五至七隻仔鼠。一歲之前是牠們最適合生育的年齡，在平均壽命內，大概可以出現六十隻後代，也就是說，在非洲象的一代時間裡可以讓倉鼠代代繁衍，進行兩百到三百次的生育。

以地質學長久的時間尺度來看，這種多產且迅速繁殖後代的動物，代表「演化速度很快」，以及「可以發現很多化石」的這些意義。在連續的地層中，古代和新時代中的大型哺乳類動物，可能一直維持同一種形態，沒有太大差異，但是小型哺乳類動物，就可能演化分支成不同的物種。

也就是說，在描述「某一時期具有某種特徵的物種」時，這個「某一時期」對小型哺乳類動物來說，時間範圍會比較短。

像這樣，運用生物的演化來推斷地層的年代稱為生物地層。小型的動物（特別是嚙齒類動物）就很適合用來判斷生物地層。換句話説，新生代的小型哺乳類化石研究，對陸源性沉積物的推定有巨大的貢獻。

若一個化石產地可以發現各種動物的哺乳類化石時，表示能透過該產地了解某一時代在該地區棲息的哺乳類組成（動物相）。即使發現的是滅絕種，也可以藉由與親緣關係相近的現生物種相比較，推斷這些滅絕動物是棲息於森林生態系中，或者是在草原生態系裡生存。此外，像是古生態或是古環境的還原，也會利用小型哺乳類動物的化石。

我參加的內蒙古挖掘項目的主要目的，是為了提高「東亞地區的陸生哺乳類動物時代的區分（生物地層）」的準確性，並利用哺乳類的化石，復原內蒙古的古環境。

陸源性沉積物：是指源自於陸地，經由河川或風的搬運後送至海裡沉積的沉積物。

3 集合啦！動物化石森友會

之前所提過的小型哺乳類化石的研究方法是適用於新生代的哺乳類動物，至於那些生活在所謂的恐龍時代，也就是中生代小型哺乳類的研究，則另有其趣。

不久前，我得到機會解說任天堂出的《集合啦！動物森友會》（簡稱「動森」）裡的化石。這個遊戲是以一群動物居住在無人島上為舞台，玩家則化身成島民，在小島上抓蟲、釣魚、挖掘化石，盡情享受慢生活。搬到自己的島上後，就要開始採集化石並捐贈出去，這樣才能在島上蓋自己的博物館。其中博物館內的化石展示室因為和科博館的常設展相似，引起話題，我也才有這個機會得到這份有趣的工作。

我請來訪問我的人玩這遊戲給我看，並帶我去遊戲中博物館的展示室，我發現這真是令人印象深刻的博物館啊！

其中，博物館內展出的化石是按照動物系統做分類，並運用光之道路展示動物間親緣關係的演化樹。而當仰望恐龍展示室的穹頂時，可以看見導致鳥類以外的恐龍滅絕的隕石即將殞落，逼真的不禁要讓人大喊：「大夥快逃啊！」

而恐龍展間和哺乳動物展間的連通道十分狹窄，此處或許隱藏了創作者的小巧思，因為像暴龍和腕龍這樣巨大的生物，就無法通過連通道進入哺乳動物的展間，只有鳥類和「小型哺乳類動物化石界」的明星侏羅獸可以進入，不用擔心卡在門外。

嗯嗯，原來如此！這條狹窄的通路代表中生代和新生代之間的界線。在這博物館內，無論是展示的概念、空間的運用、標本的選定……每一項都和博物館學的道理相通。最後採訪結束時，就連平常不玩遊戲的我，也成為「動森迷」了！

當恐龍主宰地球，成為陸上霸者的時候，哺乳類還在從「具有哺乳類特徵」的準哺乳類中，慢慢演化成「真的哺乳類」。這些準哺乳類在恐龍時代，往往被描述成如同老鼠，但嚴格來說牠們並非老鼠（嚙齒類）。

在動森裡登場的，像老鼠般的侏羅獸，依據其骨骼和牙齒的特徵判斷可能是原始的胎盤類動物（目前有各種假說），也就是說，不是只有老鼠，包括馬、長頸鹿、鯨、穿山甲、獅子、猴子、兔子等動物園或水族館內常見的動物明星，其共同祖先都是侏羅獸。

想要了解真正的哺乳類是怎樣誕生的，以及早期的哺乳類是如何演化的？這得藉助這些中生代的小型哺乳類化石。

儘管哺乳類化石界的主流是新生代的哺乳類，但在「小型哺乳類化石界」中，我覺得比起新生代的物種，中生代更加具有魅力。我看著「狹窄的通道」前這些展示出來的中生代明星，不禁感覺有些羨慕，然後再漫步走過通道，將自己沉浸在「新生代的展示室」裡。

那麼，接下來就要展開小型化石森友會的故事嘍！

第10章 這個化石請交給我研究吧！

1 在中國和巴基斯坦之間擺盪

我決定要在南方衛理公會大學繼續攻讀博士課程。雅各布斯老師的推薦讓我如釋重負，但同時也意識到得開始想博士論文的題目了。

其實，有一個我很感興趣的題目。

當地球的環境發生變化，植物所形塑的景觀也會有所不同，過去以這些植物為糧食或是棲地的動物面臨滅絕的命運，不過，能適應環境的新生態系統也會隨之建立，為什麼牠們能夠適應呢？我想要從嚙齒類化石的角度，去解開這個謎題。

正當這個時候，中國和日本因為領土問題僵持不下，二〇一〇年各地都爆發抗議活動。通常博士論文是集合學生過去研究之大成，而我之前碩士課程是研究中國的長尾跳鼠，現在礙於兩國國情，我擔心自己無法再繼續，也擔心這樣的研究是否適切，所以想要轉向研究中國以外其他地區的嚙齒類化石，因此正在尋找適合這題目的材料。

雅各布斯老師曾經以巴基斯坦的鼠化石研究而取得博士學位，並在一九七八年以此基礎發表重要的論文。我在想的就是這些材料，我想要繼續老師的研究，以陸地生態系適應的角度，深入挖掘這些化石的魅力。

由於研究的題目涉及雅各布斯老師之前的發表，所以尋求老師的同意，然後將題目從中國的長尾跳鼠，轉而開始研究巴基斯坦的鼠類化石。

各地都爆發抗議活動：2012年，日本將尖閣諸島國有化，兩國關係更加惡化。（台灣稱尖閣諸島為釣魚台列嶼）

2 三個條件都具備了（巴基斯坦的鼠化石）

巴基斯坦是一個位於南亞，東鄰印度，西與阿富汗接壤的國家。北方的山區屬於喀什米爾地區，是喜馬拉雅山脈的一部分，其氣候與其他地區有著顯著的差異，但整體來說巴基斯坦很乾燥，夏熱冬冷是其特色。因為這樣，國土遼闊的巴基斯坦，乾燥的地表有低矮的灌木以及沙漠，山岳地區則是被草原覆蓋。但夏天因為受到西南方吹來的季風影響，作為喜馬拉雅山脈水源的印度河，有時候會氾濫。

高聳的喜馬拉雅山脈同時也是沉積物的供應來源，由於地層受到風雨侵蝕而崩塌，崩塌後的砂礫會被河川帶到低的地方去，最後大多都流入海洋裡。但如果洪水發生，就會堆積在河岸旁形成氾濫平原。

之後，這片土地（即氾濫平原）變成了很適合栽種農作物的肥沃土壤。如果你能解釋這片土壤是如何促進印度河文明的農業發展，那麼你就

喜馬拉雅山的一部分：狹義上來看是喀喇崑崙山脈，但它與喜馬拉雅山是由同一個造山運動形成的，因此廣義上視為喜馬拉雅山脈的一部分。喀什米爾地區是一個山區，現在巴基斯坦、印度和中國都宣稱這裡是屬於自己國家的領土。

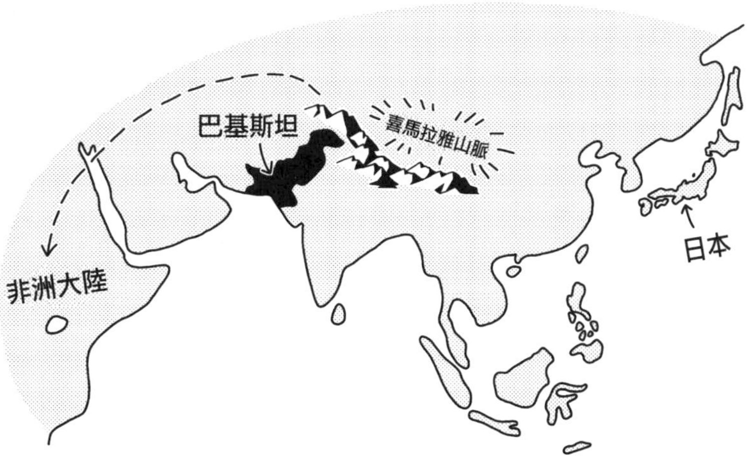

是個精通考古學的人了。

古生物學家的觀點，則是有些不同。經過數千萬年在氾濫平原所堆積的泥沙中，應該會有哺乳類動物葬身於洪水中而形成的化石吧！光想到就很令人興奮。我要研究的鼠類化石也是這樣沉積在巴基斯坦北部的博德瓦爾高原地區裡。這個高原露出了約一千八百萬年前到一百八十萬年前的地層，這裡發現了很多哺乳類化石，所以有古生物學家將這個高原稱為「哺乳類的演化劇場」，當然鼠類也同樣適用。

那麼，過去的巴基斯坦是什麼樣子呢？讓我們稍微擴大視野，從整個南亞地區來看看。

恐龍滅絕的時候（約六千六百萬年前），大西洋比現在狹窄，非洲和阿拉伯半島距離歐亞大陸稍微遠一點，和現在的世界地圖樣貌不一樣。差別最大的地方是印度的位置。那時的印度是漂浮在非洲南部印度洋上的南半球島嶼大陸。然後約在一千萬年前才逐漸北漂，在約五千萬年前（最晚是四千萬年前）碰撞到歐亞大陸，這一撞，造出了喜馬拉雅山脈和青康藏高原。然後這個稱為「世界的屋脊」的地區，對亞洲季風的形成和發展有很大的關係。

在中新世後期（約九百萬年前）季風的影響更加劇烈，巴基斯坦的降雨量明顯減少，雨季也有很大的變化。降雨量的變化和植物生態系息息相關，約一千兩百萬年前，這裡還廣布森林，但是一千一百萬年前草本植物開始混雜，到了八百萬年前草本植物範圍越來越大，經過兩百萬年的時間，巴基斯坦的植被幾乎是以草本植物為主體了（植被轉變期）。

碰撞到歐亞大陸，造出了喜馬拉雅山脈和青康藏高原： 關於喜馬拉雅山脈和青康藏高原的造山運動機制和時間等研究結果，每年都會更新。形成青康藏高原的拉薩地體和羌塘地體在中生代發生碰撞，這種板塊沒入而引發的造山運動，早在印度次大陸碰撞之前就已經存在。因此目前人們認為在新生代初期時，這些地區原本就有一定的高度了。

植物生態系的巨大變化，改變了在這裡生存的哺乳類動物命運，特別是針對大型草食動物的調查，過去許多以果實和樹葉為主食的動物在「植被轉變期」中滅絕，留下的是能適應以草本植物為食的動物。具體來說，類人猿中的希瓦古猿，和長頸鹿中的始長頸鹿的演化分支都已經滅絕了，但是與馬有關的三趾馬卻奔馳在廣布的草原上。

然而，在這片土地上生活時間長達數百萬到數千萬年的不只是大型哺乳類動物而已，巴基斯坦的鼠類繁盛起來，取代之前占有主導地位的倉鼠，而時間點正好是這地區的乾燥化時期，這點也是雅各布斯老師等人所指出的。對這些鼠類來說，要適應植被的轉變時期並沒有什麼問題。

無論是古老的或是新的化石都已被發現，植被也從森林變成了草原，而同樣的族群在森林和草原兩種環境中都能生存的證據也還存在，這三個因素使得巴基斯坦的鼠類成為非常迷人的研究材料。

亞洲季風的形成和發展：半個世紀以來，人們對季風的起源進行詳細研究，一般的科普書籍也有描述。如果您有興趣，請查閱相關書籍。

始長頸鹿

三趾馬

3 鼠類動物的發源地

當恐龍獵人在中亞探索人類的起源時，南非發現了南方古猿，現在已經確定人類是起源於非洲而非亞洲。和人類有關的演化系統在非洲起源，所以非洲有「人類的搖籃」這樣的說法。

那麼借用這個說法，南亞可說是「鼠類的搖籃」。

這裡所說的鼠類，是指鼠科中的鼠亞科。像城市裡那種令人害怕、巨大的過街老鼠，或是遊樂園裡擁有超人氣，讓人喜愛的米奇老鼠，都是屬於鼠科鼠亞科的一員。

牠們是中新世前期（約兩千萬年前），從包含倉鼠在內的倉鼠科演化出來的。如果要用一句話概括中新世哺乳類演化史，那就是「『科』級別的現生哺乳類出現的年代」，鼠科也是一樣。

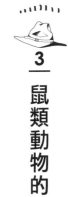

老鼠和倉鼠在中新世前期就已經演化分支成不同種的動物，在外觀和行為上都有差異，比較這兩種人工飼養的子代是滿有趣的。老鼠的尾巴很長，頭和身體相比較為纖細，養了一段時間之後感覺會記得主人。倉鼠的話，則是頭和身體比起來，頭比較大，尾巴短短的，身體胖嘟嘟；非常愛吃，一邊吃東西，一邊把頰囊塞得鼓鼓的，超級可愛，但即使每天見面，想摸摸牠時，牠還是會站起來示威，發出「嘎——！」的恐嚇聲。

嚙齒類的命名由來是因為牠們有一對當作「啃咬專用機」的門齒。門齒後面有空隙，並排三個大臼齒，沒有犬齒和前臼齒。此外，這對「啃咬專用機」會一直生長，即使磨損也沒有關係。門牙咬下的食物，會被三顆大臼齒磨得又細又碎。觀察老鼠和倉鼠，牠們在吞食食物之前，會很仔細的咀嚼，「真是太了不起了！」不過，即使同為鼠，不同種之間的大臼齒也有很大的差異。

先看上面第一個大臼齒。老鼠的牙齒叫做中央尖的「山」有九個，從前方開始的配置是〈三個・三個・二個・一個〉。在中央尖上，有時會有山和山連結的稜線，在老鼠的第一大臼齒上，第一組的三個山之間有稜

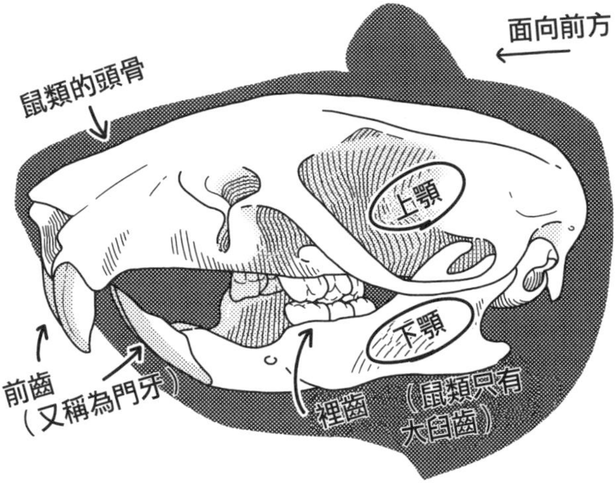
面向前方
鼠類的頭骨
上顎
下顎
前齒
（又稱為門牙）
裡齒
（鼠類只有
大臼齒）

線連接，使得這三個中央尖呈現「く」字線的配置，第二組的三個山也是呈現「く」字線的配置，這樣就有兩個「く」，看起來就像是「巜」，這兩個く不會連在一起。而倉鼠的中央尖則有七個，從前方開始的配置是〈二個・二個・二個・一個〉，倉鼠的稜線比老鼠複雜，不同組的前後也會有稜線連結。

還有一個很明顯的區別，在咀嚼食物時，老鼠的下顎會前後動，但是倉鼠則是會左右橫向移動。

從倉鼠的祖先種開始到老鼠的祖先種出現，可以發現鼠類出現的

「く」字線：英文則叫做V字線。

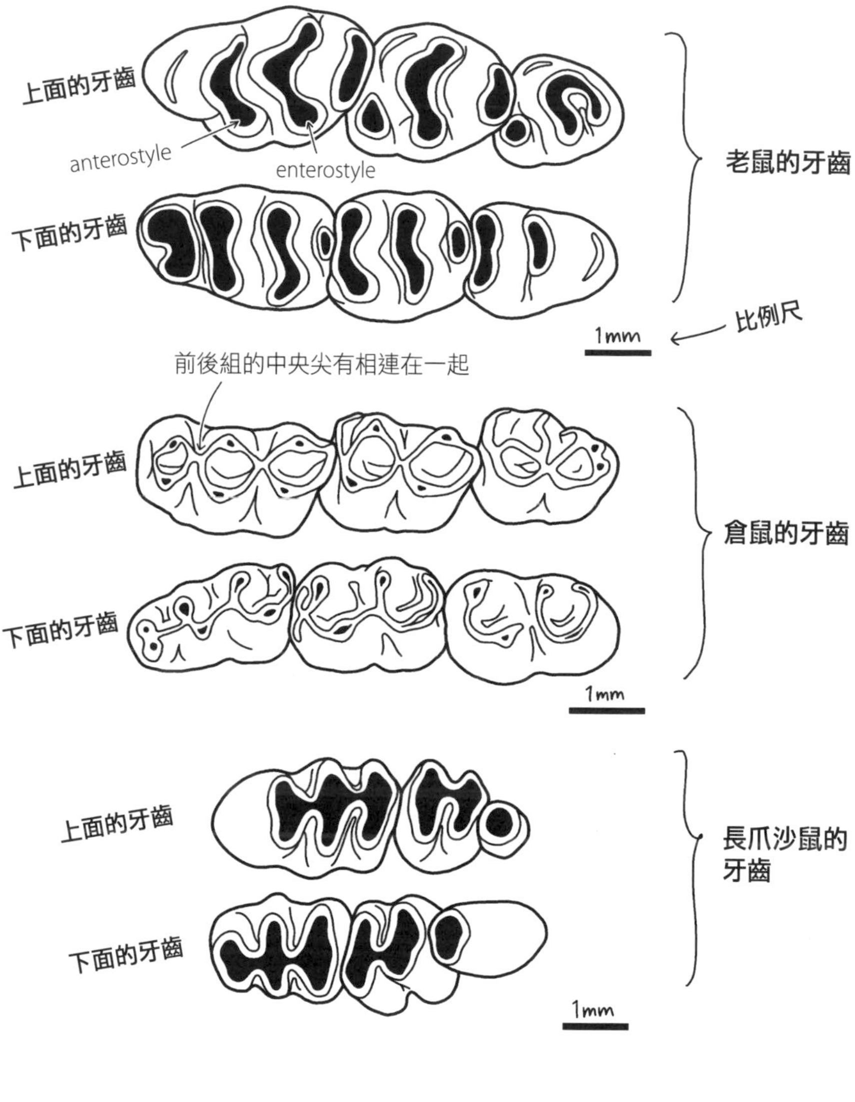
上面的牙齒
anterostyle
enterostyle
下面的牙齒
老鼠的牙齒
1mm
比例尺
前後組的中央尖有相連在一起
上面的牙齒
下面的牙齒
倉鼠的牙齒
1mm
上面的牙齒
下面的牙齒
長爪沙鼠的牙齒
1mm

過程。首先大臼齒的前面兩組中央尖，都各增加了一個（專業術語稱為anterostyle和enterostyle），形成了前後組的中央尖不相連，各自形成「く」字形的新配置，並藉此獲得下顎可以前後移動的特徵。

這個說法可以從巴基斯坦的鼠類化石中得到，讓我們仔細看一下雅各布斯老師等人的研究。

最原始鼠的名字是波托瓦爾鼠（*Potwarmus*），在約一千六百萬年前的巴基斯坦地層中發現。波托瓦爾鼠的牙齒前後組還有微弱的稜線連接，就算有新的中央尖也不太發達，這是古老的特徵。其次，從波托瓦爾鼠演化而來的前鼠（*Antemus*），臼齒上已經沒有連接前後組的稜線，新的中央尖也變大了。最後，約一千兩百萬年前，新種原裔鼠（*Progonomys*）出現了。

這個原裔鼠，對專家來說已經是耳熟能詳的化石了。因為從離南亞很遠的歐洲一直到東亞，都曾發現過原裔鼠。在這個時期，從南亞以及其周圍地區所孕育出的鼠類迅速在歐亞大陸擴散開來。有些到達了非洲，就在非洲演化成獨立的族群。然後和從非洲起源遷徙到各地的人類，在各種地方相遇，一起在世界中旅行，於大航海時代抵達了美洲大陸。

4 鼠類的演化分支（形態篇）

從波托瓦爾鼠（*Potwarmus*）→前鼠（*Antemus*）→原裔鼠（*Progonomys*），我們將鼠類的演化線再稍微往現代推進一點。

在中新世後期（約九百萬年前）的巴基斯坦，有兩種體型明顯不同的演化分支登場。小的物種是體型和現在小鼠（mouse）差不多的原裔鼠，大的則是和大鼠（rat）差不多的達爾文卡爾尼馬塔鼠（*Karnimata*

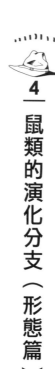

darwini）。順帶一提，達爾文卡爾尼馬塔鼠的「達爾文」，是以知名生物學家查爾斯．達爾文為名，這個名字是雅各布斯老師取的。

這兩種物種因為體型明顯不同，所以即使不用其他的情報也能夠輕鬆區分。但是這兩種還有個明顯的不同，和前面所說的 anterostyle 以及「く」字線有關。

觀察 anterostyle，原裔鼠的呈現細長狀，而卡爾尼馬塔鼠則呈現圓形。卡爾尼馬塔鼠的「く」字線比較密集，而原裔鼠的「く」字線則是像大人漂亮的手寫字一樣，上下稍微長一點。

因為這點的差異實在很明顯，透過顯微鏡觀察時，會在心中驚嘆「原來是這樣啊！」

「く」字線比較密集，代表著什麼意思呢？可以想像洗衣服的洗衣板會比較容易理解。洗衣板上面有一條條平行的橫溝，洗衣服時，需要以垂直方向用力的搓衣物，這樣能有效的清除汙垢。

對於下顎會前後移動來吃東西的鼠類而言，牙齒的「く」字線就像是洗衣板上的橫溝，也就是說卡爾尼馬塔鼠的牙齒比原裔鼠更適合咀嚼和磨碎食物。

這個波托瓦爾鼠和卡爾尼馬塔鼠所擁有不同特徵的牙齒，可以在六百五十萬年前的地層中找到相對應的化石。從巴基斯坦挖掘出來的鼠化石，可以發現在某個時候形成了不同的演化分支，大致可以分為波托瓦爾鼠演化支和卡爾尼馬塔鼠演化支。

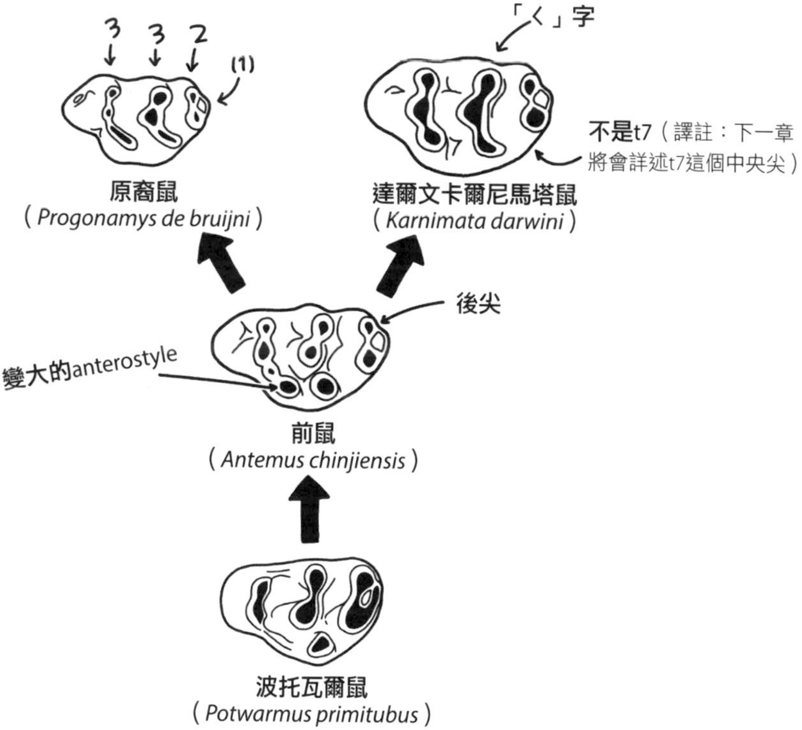

※木村等人（2015）

雅各布斯老師認為，約六百五十萬年前的波托瓦爾鼠，是現生小鼠屬（*Mus*）的最古老化石種。人類和類人猿的分歧演化是在六百萬到五百萬年前，也就是說那時候小鼠屬的族群已經在地球上生存了。

雅各布斯老師的研究重點在於化石種類的分類學上，他提出了早期的鼠類大致分歧成兩大演化分支，這個分歧在後來登場的分子親緣關係學中很有名，下個章節將會再詳細解說。

當年雅各布斯老師的研究正在進行時，巴基斯坦由森林轉為草原的這個說法尚未確認，老師發表論文之後，該地仍持續進行挖掘，發現了更多的鼠類化石，確認更多事情。等到我接手老師的研究時，已經有了約一千四百萬年前到約六百五十萬年前的化石連續紀錄，為化石年代變化提供理想的研究環境。

棲息地從森林轉變為草原的過程中，鼠類也分歧成兩大演化分支。這兩個競爭物種一邊適應新環境，食物也重新分配，依據食物的不同，牙齒

分子親緣關係學：根據 DNA 鹼基序列的差異，調查生物間親緣關係的學科。

的形態也隨之變化。這些鼠類是如何適應環境變化呢？能解開這個謎團的鑰匙是否還存在於化石證據中呢？

我決定繼續專注面對鼠類的化石研究。從小玻璃瓶裡取出化石、記錄，再放回瓶子裡，這樣的作業重複了約三千次後，做成了資料庫，然後一邊比對資料庫，一邊剖析化石的型態。雖然我也想做絢麗的、會旋轉的3D模型，帥氣的進行分析，但是我在研究經費的爭取上失敗了，只好繼續使用2D模型、樸實的記錄來進行分析。

5 鼠類的演化分支（食性篇）

在八百萬年前到六百萬年前的這段變遷時期，巴基斯坦的植被景觀雖然發生了巨大的變化，但在巴基斯坦卻幾乎找不到這段時期的植物化石，

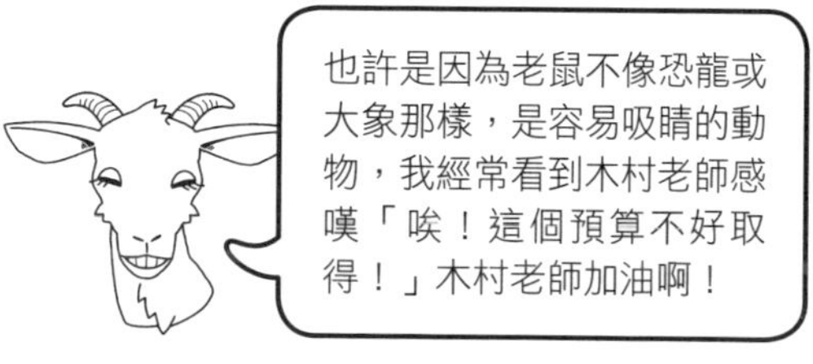
也許是因為老鼠不像恐龍或大象那樣，是容易吸睛的動物，我經常看到木村老師感嘆「唉！這個預算不好取得！」木村老師加油啊！

包括花粉化石在內。

既然沒有化石證據，又怎能說這裡的植被發生過變化呢？這個答案，就在運用古老地層中的碳酸鹽結核來復原的植被中。

用土壤的形成來解釋，十分方便。

火山岩、沉積岩或是變質岩這類的岩石，受到陽光或雨的作用，不僅會物理性裂開，岩石中的矽酸鹽礦物也會在雨水中溶解出離子，造成風化。與此同時，植物自那些變得破碎的岩石裡長出來，繼而枯萎，就成了微生物聚集的地方。因此這個岩石的風化作用，以及生物所導致的土壤化作用，讓岩石變成了土壤，而碳酸鹽結核則是從表層中溶出的鈣離子，在土壤裡重新結晶形成的塊狀物，常見於乾燥地區的土壤裡。

碳酸鹽結核的主要成分是碳酸鈣（$CaCO_3$），有來自土壤中的碳（C）以及碳的穩定同位素比，反映在覆蓋土壤的植被上。

所謂的「穩定同位素比」，看起來是十分困難的專業用語。詳細說明就交給專業用書，此處以專家能勉強認同的程度，稍微簡單說明一下。

碳的穩定同位素比是指原子量13的碳和原子量12的碳的比值（^{13}C／^{12}C比），與國際標準物質進行比較後，以千分率（‰：千分之一）作為單位表示。

生物會將從食物中或空氣中吸收進體內的碳元素運用在各個地方，每個生物吸收進來碳元素的^{13}C／^{12}C比值都不一樣，即便是單一生物，體內各部位的比值也會不同。而對植物來說，因為每種植物運用光合作用固定二氧化碳的方式有所不同，所以不同植物的^{13}C／^{12}C比值也會有相當大的差異，依比值可以分為C3型的光合作用、C4型的光合作用，以及CAM型光合作用。C3型的植物大部分是構成森林的樹木；C4型的植物則一半以上是草本植物，以禾本科植物占大多數。以碳的穩定同位素比來看，C3型和C4型的植物，平均約有千分之十五的差異，這個差異也表現在碳酸鹽結核中。C3型的樹木，其土壤中的碳酸鹽結核的數值較小，而以C4型的草本植物為主的土壤裡，碳酸鹽結核的數值較大。

有一說認為中新世後期，二氧化碳的濃度下降以及氣候愈加乾燥化，促使C4型植物的草原在全球擴散，而巴基斯坦是全世界調查的地區中，碳的穩定同位素比變化最為明顯的地方。

這章前半段提到的始長頸鹿和三趾馬，分析其牙齒琺瑯質中微量碳的穩定同位素，可以發現始長頸鹿主要食用C3型的植物，而三趾馬則是逐漸以C4型植物為主食。

那麼，鼠類又是如何呢？鼠類由於體型小，需要的食物也少，而且牠們是雜食性動物。如果牠們可以選擇吃的食物，即使環境多少有點變化，可能也不需要改變食性。但僅靠同位素比，就可以知道親緣關係相近的兩個演化分支，為什麼可以共存在同一個地區嗎？

此外，牠們的牙齒非常小，利用這麼小的牙齒來分析是可行的嗎？

研究發現，研究巴基斯坦哺乳類化石同位素分析的美國猶他大學圖雷・賽林（Thure E. Cerling）博士的學生，成功利用紅外線雷射進行小型牙齒的同位素分析。這個裝置似乎是利用既有的紅外線雷射自製而成的設備，並未普及使用，卻是唯一可以用來分析小型牙齒同位素比的機器。我和管理實驗室的老師提到此事的時候，他說：「如果紫外線雷射能用的話，我們實驗室就有同個品牌的設備。」

既然如此，那就趕快試試看吧！迅速的參考論文，將紫外線雷射裝置裝在質譜儀上。可是用雷射發射的結果並不順利，因為發現在電子顯微鏡下觀察被雷射打到的地方，都凹陷下去像個小洞一樣，為什麼呢？

正巧這個時候，我參加了賽林博士等人在猶他大學主辦的「同位素地球化學祕笈課程（Iso Camp）」研究生工作坊，也去到憧憬已久的賽林實驗室。和賽林博士說起自己失敗的事，「沒錯！用紫外線雷射的話，會因為牙齒太小而讓牙齒變得四分五裂。」看來賽林博士也有過失敗的經驗，真令人灰心喪氣。通常論文不會將失敗的經驗寫在裡面，但我認為失敗的過程應該也要寫進去，成為論文的一部分吧！我真心這樣覺得。

賽林博士說，雖然已經確立了紅外線雷射的分析方法，但是還沒應用

木村老師常兼任手作達人。常常看她一邊翻閱型錄，一邊感嘆的說：「也太貴了吧！」接著就拿出電鑽開始自己做……「嘿嘿，我做出呼吸採集器了唷！」老師這樣開心的說著。

到古生物的標本上，所以邀請我到實驗室來進行分析。能得到這個超級厲害的大師親切邀請，實在非常開心，而且還可以使用他們的實驗室！於是我非常期待在冬天的時候再次回到猶他大學。

6 鼠類的演化分支（之後的演化）

因為我要用2D數據取得形態資料，原本是想要用尺或是游標尺來處理，但要測量的樣本是只有二公厘大小的化石，很難利用游標尺，只好換個方法，從顯微鏡底下的影像來取得測量值。這涉及到線性測量、角度測量，以及為了測量複雜形狀，得在影像上標記以進行的幾何分析。如果某區的形態相似度高，就標上記號，然後將這些標記連起來以簡化形態。無論標記有幾個，在多次元空間裡，一個個體就只能算是一個點。就這樣以

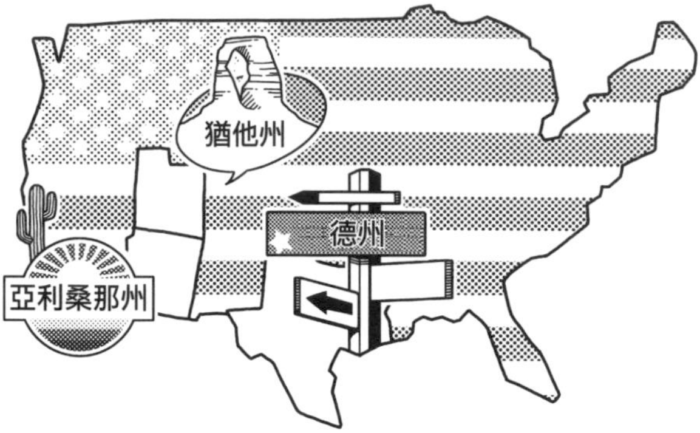

此種方式調查，發現雅各布斯老師所見到的形態差異可以在數字上呈現。

比起形態解析，在猶他大學進行的同位素分析作業更為複雜。如果平常有在維護用來分析穩定同位素比的質譜儀，就能直接安心使用。但現在的作業是利用紅外線雷射將二氧化碳氣體打進質譜儀，這需要手動操作，因此得繃緊神經、小心翼翼才行，一個樣本需時十五分鐘。一旦設定機器開始操作，就想要盡量利用時間，因此每天都忙到半夜才結束。

雷射時會發出啪啪的破裂音，在化石上形成隕石坑般的凹陷。紅外線雷射透過熱的作用，將牙齒琺瑯質裡的碳元素氧化成二氧化碳，因此化石上的隕石坑出現玻璃般的質感。這項作業會對化石造成一定的傷害，所以操作時非常緊張，一直死盯著螢幕。幸好，即使是最小的原喬鼠，也能夠檢測到足夠的二氧化碳氣體，令我鬆了一大口氣。用紫外線雷射則無法產生二氧化碳，所以之前才會失敗。

在寒冷的猶他大學裡待了兩個月，終於完成了全部的分析。當三月我回到達拉斯時，這裡的天氣已如夏天般炎熱，從機場搭車回家的路上，記得因為朋友開的車子空調壞掉，使我這段日子

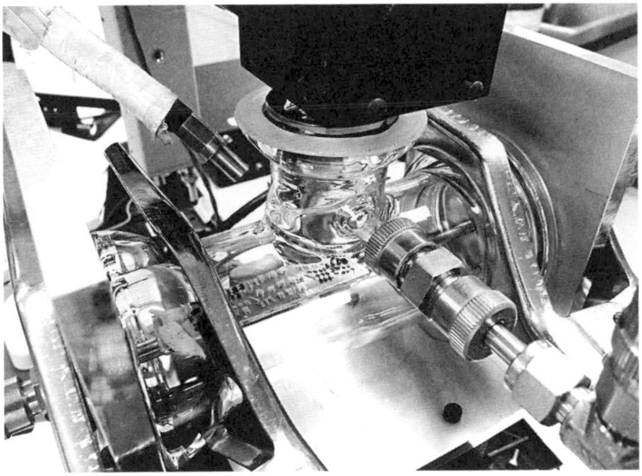

（右）紅外線雷射裝置。玻璃室中有不鏽鋼板，上面放著化石樣本。

（下）不鏽鋼板上放有化石以及現代老鼠的牙齒。最近，越來越流行用數位方式筆記。

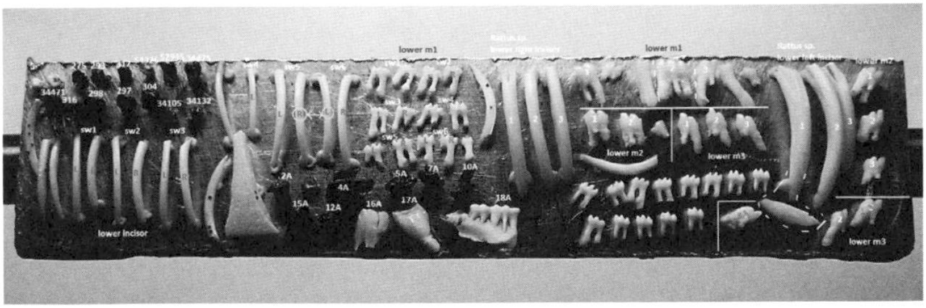

的緊張感彷彿被車內的熱氣溶出，瞬間消失的無影無蹤。

將形態分析和同位素分析結合後，我們看到了鼠類在演化分岔點之後的情況。

首先，在從森林轉變為草原的這段時間裡，無論是原裔鼠或是卡爾尼馬塔鼠的演化分支，都在演化中迅速從C3型植物採食者，轉變為C3／C4混合植物型的採食者，這與用古老土壤中的碳酸鹽結核進行的穩定同位素分析結果非常相似。至於大型的哺乳類動物，馬開始從C4型植物中挑選攝食的時間點，則比鼠類還早。也許，若想要重建過去的植物生態系，鼠類能提供的研究協助可能比大型哺乳動物更為出色。此外，我們還發現卡爾尼馬塔屬的鼠類因為攝食更多的C4型植物，而與原裔鼠屬分道揚鑣，這種分化似乎持續了約九百萬年。

然後，從相似的形態演化到不同的形態時，透過形態情報的可視化，發現卡爾尼馬塔鼠在演化過程中，不僅形態的變化大，也更善於咬碎堅硬的食物，這是因為卡爾尼馬塔鼠的化石牙齒發展出兩條「く」字線，且密

朋友開的車子：我把腳跨在副駕駛座前的儀表版上，大喊著「回家真好」！

集排列的緣故。因此隨著植被變化的同時，卡爾尼馬塔鼠的攝食物也隨之調整，緊接著牙齒也迅速依據食性而改變，終究適應了巴基斯坦新的植被環境。

鼠類的演化也許不算是一個大發現。

但是，透過「進食」這一行為，我們能夠看出滅絕的小型動物演化過程，這真是令人驚嘆的事情。

7 蕁麻疹和博士學位

冬天了，我得趕緊一鼓作氣的寫博士班的畢業論文。為了更新護照，我暫時回到日本，原本打算趁這段時間好好養精蓄銳，為寫論文做準備。

怎知一回到日本，我的腳竟然出了蕁麻疹，身體狀況急轉直下，又癢又痛，幾乎夜不成眠。

沒多久，不只是腳出了問題，身體也開始發燒。大學時代的朋友帶我去醫院檢查，接受過敏原測試後，醫生開了藥，我才終於得以入睡，只是一直查不出為什麼會這樣大病一場。可能是博士論文帶給我太大的壓力，但更糟的是，我失去整整一個月可以寫論文的時間，已經到了難以挽回的地步。

只好再想想別的辦法。

幸運的是，我還有一張王牌。

以前在南方衛理公會大學，沒有碩士學位是不能就讀博士班的，但是我念博士班時，學校推出新制度，可以大學畢業後，不用取得碩士資格就直接進入博士班就讀。一開始聽說大學畢業就可以念博士班感覺很不可思議，但是在美國這種制度並不少見。因為在美國，念研究所要修的學分很多，如果碩博士還分開寫論文的話，會比其他國家花上更久的時間。為了解決這個問題，就出現了這種不用寫碩士論文的制度。

取得博士論文的條件是，除了博士論文，還得再交三篇論文，由於博士論文可以用這三篇論文整理後提出，所以實際上只需要寫三篇論文。

我想的辦法就是這個！既然目前的制度是寫三篇論文就好，而且也不是非得有碩士學位不可，那麼我的碩士論文時期的發表是否也可以納入計算呢？由於我在碩士班的時候已經發表過三篇論文，所以我去問了雅各布斯老師，「那就這麼辦吧！」老師爽快的答應了我。我決定博士論文主攻形態分析和同位素分析這兩個項目。

畢業有春天和冬天兩次機會，但五月畢業是最好的，因為會有名人的祝福，還可以穿上長袍，和其他的畢業生一起，從校長手中接下畢業證書，披上學位垂布。既然我想的辦法奏效，那麼就有望在春天畢業，想到這裡我不由得充滿了鬥志！

一邊夢想著在達拉斯陽光明媚的天空下慶祝畢業，我躲在研究室裡，努力的拚搏我的博士論文，彷彿在準備大學考試一樣。

博士論文提交後，我通過了初審，接下來就是最終答辯。博士論文的審查委員會由指導老師和另外三位老師，以及一位外部審查委員，共五人組成。只有當這五人一致同意通過博士論文，才會授予博士學位。

最終答辯沒有時間限制，但通常需要三小時左右。口頭發表約一小時後，開放給現場來聽答辯的觀眾發問，接著觀眾全體離席，留下五位審查委員和口試學生對答一小時。最後，口試學生離開現場，讓審查委員閉門討論，最終才會知道是否合格。

雖然最終答辯令人感到非常緊張，但也有種參加「祭典」的熱鬧感覺，因為對學院來說，這是一件很重要的事情。如果是自己的學院有人要進行最終答辯，通常其他人會特地空出時間去旁聽，如果是朋友的答辯，即使是在其他學院發表，大家也會前去支持。所以答辯會上來的人幾乎都是同事、朋友或是老師。平常再怎麼穿著隨便邋遢的博士候選人，這一天也會穿上正式的西裝，展現出優雅的一面，在這最後的重要時刻，甚至家人都會前來支持。

我準備了一套符合學校標準色的藍色西裝迎接最終答辯日。我的好友中國人小璐和韓國人小鉉一早就陪在我身旁，還替我準備了答辯時招待口試委員的披薩。因為披薩是迎合美國人口味的食物，因此這是一場日中韓聯合的小心機作戰。

總之畢業論文發表開始時，意外的每個人都看起來很冷靜。審查委員用意味深長的表情看著我，當中有我剛進入學校時，曾經告訴我小林快次的豐功偉業的地球科學所所長，那時所長跟我說：「妳也要加油喔！」成為了我前進的動力。還有得蕁麻疹時第一個帶我去醫院，是我年紀稍長，被我視為「美國媽媽」的好友維琪。而維琪的先生，那位總是陪我聊天的「美國爺爺」詹姆斯（James E.Quick）博士也來到了現場，他不僅是位地質學家，竟然還是學院長（！），同時也是石油地質系的權威人士。被這些人圍繞，彷彿今日是南方衛理公會大學的重要之日。在披薩的香味和眾人的笑容中，我覺得這是最好的答辯之日。

五月的畢業季來了，從去機場接我爸媽的那一刻開始，我就萬分期待。依據學校各院色彩設計的博士服（Academic Regalia）非常隆重，很適合穿在那些已經身為博士，有許多學術經歷的教授身上，但對我來說，仍有些生澀。我當了那麼久的學生，終於站上身為學生的最後舞台，卻沒想到身上的博士服竟然

學位授與儀式後，就是學部自己的畢業典禮了。照片從左至右是詹姆斯．奎克（James E. Quick）博士、筆者、詹姆斯．布魯克斯（James E. Brooks）博士、路易斯．雅各布斯老師。

會讓我看起來像個初出茅廬的學生，真是不可思議！因為南方衛理公會大學的顏色是紅色和藍色，所以學術袍的設計是以藍色為底色，袖子上有三條紅槓。而帽子不是方帽，南方衛理公會大學的風格是戴紅色的貝雷帽。在綠色的草地上和湛藍的晴空下，博士服看起來特別耀眼。當校長為我披上學位垂布，在相機裡，我看到自己出色的模樣，這真是難忘的一日。

第11章 自己的標準、演化的標準

1 不停的努力

獲得博士學位之後，就可以使用博士（Dr.）這個稱謂。不過，實際上，很少有人真的會稱呼你為博士，但這個稱謂可視為是對長時間學生生活的一種讚美。一般講到Dr.，通常會想到在醫學領域工作的專業人士，但是像我這樣的博士，並不會立即得到穩定的工作，多數時候還得從事有

期限的博士後研究，繼續更進一步的學習。在離開學校之後，還要花這麼多的研究修業時間，令人意想不到吧！

博士後研究的工作期通常是一到三年這種短時間的工作，也就是好不容易找到工作後以為可以鬆口氣，結果又要開始找下一份工作。通常研究並不會馬上就有成果，有時候甚至拚命的努力也不一定會有收穫，但卻得經常參與求職市場裡的競爭，光想像就覺得有夠辛苦。

回過頭來看，我念研究所的時候，沒有什麼「如果當時那樣做就好了」的後悔心情，一心只想成為研究員而不停的奉獻熱情，也曾藉此提升過自己，但最終我比那些能用最短時間取得博士學位的人還多花了三年的時間，說實在的，內心的確感到很疲倦。

努力著、奮鬥著，終於爬到了比較高的位置，在那裡站著的是和我同時代，耀眼的研究員，我從很久以前就知道自己完全無法與他們匹敵，在每年參加的SVP古脊椎動物學會會議上，常能目睹許多人提出我未曾想

博士後研究：博士後研究這項工作有幾種類型：例如能在國家或大學的競爭中獲得資助的人，可以按照自己的節奏進行喜歡的研究。像這樣能做自己喜歡的研究，我認為在研究員的道路上是非常受歡迎的。此外，有些人可能會在大學教授的研究資金下受聘，以教授的研究主題作為研究課題，貢獻論文成果。為了擴展研究方法和見識，也會有人選擇應徵實驗室裡「博士後研究的約聘工作」。雖然兩者都很辛苦，但都具有成就感。

過的主題和新的分析方法，有時候，這些厲害的發表是出自和我同年齡層的人。看到那樣的演說，還是學生的我不由得讚嘆：「真厲害啊！明年我也要像這樣！」但那時大多數的時間，我都在跟自己較勁。可若要成為獨當一面的研究員，現在開始，就是要面對許多競爭者。

我的研究是否能比周遭的人做得還要好呢？有時想到這點，說實話我沒有信心。「好喜歡、真的很喜歡！」我是藉著自己對這一切的喜愛而一路堅持下來，但不知不覺間，開始對於自己是否能在競爭中存活下來越來越感到不安，這應該是成為一個專業研究員的必經之路吧？但我的心情卻一直在理想和現實之間擺盪。

這時，我已經在美國生活了八年，整個生活重心都在這裡，完全沒有考慮要回日本發展，決定在美國找博士後研究。

不過我當初是用留學簽證留在美國的，將來是否能順利拿到簽證（居留許可），令人擔心。身為外國人，居住在別的國家是很不安定的一件事，一旦畢業，學生簽證就失去效力，幸好美國有一種包含科學、技術、工程、數學，總稱STEM的領域，其中有個選擇性實習訓練（Optional Practical Training，簡稱OPT）制度。只要申請，就可以在美國工作一年，應用所學，雖然一年有點短，但是暫時不用煩惱簽證也是萬分感謝了，因此我決定申請這個計畫。

開始尋找博士後研究的機會吧！

到了如今，找工作需要自我推薦的時候，我還是一樣沒有自信，這對研究員來說是致命傷，在我不得不鼓起勇氣尋找博士後研究的機會時，一路看著我努力的雅各布斯老師把我叫到他的研究室，跟我說南方衛理公會大學有個一年期博士後研究計畫的機會，特別的是這計畫能讓研究員去任何想去的地方做研究。我對老師的話感到困惑，因為這不是個可以讓特別受到偏愛的學生光靠關係就能得到的職缺，但雅各布斯老師卻說：「一切取決在妳！」

「好，我接受！」

就這樣，我得到了這個夢幻職缺，可以開始做我的博士後研究了。雅各布斯老師是依據我長久以來的表現，才決定將這個機會給我，也就是說，是我過去的努力幫助了「現在的我」。雅各布斯老師說，我是靠自己「獲得了」這個機會，而不是「接受了」這個機會。

2 演化的標準

接下來是我想在一年中實現的三個目標：

1. 找下一個博士後研究的職缺（最好是可以自由研究的博士後）。
2. 從博士班中的研究資料裡，發掘出鼠類化石形態分化的重要性。

3. 探索未來五年間相關的研究題目。

總之，就是想要繼續探尋自我以及累積論文。

第二點同時也是博士後研究第一年的主題。我在博士班的時候，以巴基斯坦．西瓦利克盆地出現的大量嚙齒類化石做為對象，研究真正鼠類（鼠亞科）的演化史。巴基斯坦真是調查鼠類演化最好的地方，這一點在第十章時已經詳述。

在博士論文裡，我闡述了鼠亞科在演化初期，牙齒形態分成兩大類的這件事，這意味著有兩個「特定的演化分支」是從共同祖先分歧而來，不過鼠類是現今在地球上四處繁衍生息的動物，所以不能用有點曖昧的「特定的」字眼，而是要將真正的演化分支名稱寫出來。所有的生物都可以用親緣關係樹串連起來，所以很想知道這個「特定的」演化分支究竟是演化成哪個族群。

為了說明這項研究的重要性，首先需要講解我所研究的巴基斯坦鼠化石對分子親緣關係樹的重大貢獻。

分子親緣關係樹是運用DNA鹼基序列的不同，將生物做系統性的連結。這個親緣關係樹，雖然帶有演化分支的訊息，但是並沒有記載「何時」使物種分化的情報，而化石可以為這個高科技的分子親緣關係樹加入時間尺度。巴基斯坦的鼠類化石紀錄是連續的，能追蹤鼠類演化的過程，所以經常被用來當作「演化的時間尺度」。

每一種生物的DNA鹼基序列都不一樣，如果可以掌握鹼基序列的突變速度，說不定就可以逆轉時間的指針，知道過去演化分歧的時間了，這就是所謂的「分子鐘」，我很喜歡這個如手錶般的可愛名字。

然而，不是每種動物其鹼基序列的突變速度都是固定的，就像我們無法將大象的演化速度應用在鼠類身上一樣。

因此，為了要正確推算演化的分歧年代，需要找到「其活動年代值得信賴的」以及「某一種（或者某一演化分支）最古老化石」，依據該化石

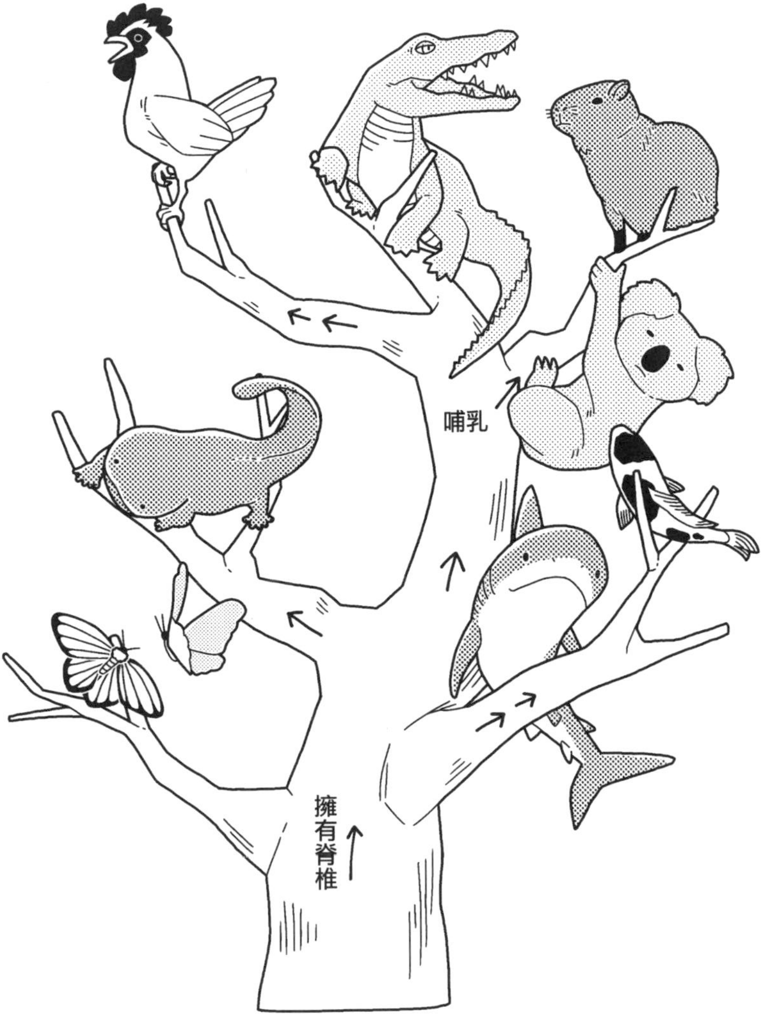

親緣關係樹的印象

的年代，制訂演化分支的時間區間，像巴基斯坦的鼠化石是用來推算「鼠類的演化時間尺度」。最古老的鼠亞科化石，大約是從一千六百萬年前的沉積物中找到的，因此鼠類出現的時間肯定早於一千六百萬年前。

此外，在巴基斯坦的鼠化石中，約在一千兩百萬年前的地層中發現的原裔鼠，也經常被當作「大鼠和小鼠分支演化」的時間點，不過我對於把原裔鼠做為演化分支的參考年代感到憂心，因為缺乏古生物學的依據。

雖然不安，但我也沒有證據，因此這就是我博士後研究這一年裡的研究主題。

大鼠和小鼠：大鼠包括大鼠屬（*Rattus*）和小鼠包括鼷鼠屬（*Mus*）。在這裡，我們以親切的方式將鼠屬稱為「家鼠」，將鼷鼠屬稱為「米奇」。順帶一提，皮克斯動畫電影《料理鼠王》中的小米是家鼠（*Rattus*），而迪士尼中的受歡迎角色米奇很可能是鼷鼠屬（*Mus*）。

3 博士後研究的回答

由於我的博士後研究可以不受地點限制，所以想要長期待在某個地方做研究，因此我聯絡了哈佛大學和猶他大學的老師。

哈佛大學的勞倫斯·弗林（Lawrence J. Flynn）老師是位對小型哺乳動物化石擁有世界頂尖知識的古生物學家，特別是針對南亞的化石。最初我對巴基斯坦的化石研究有興趣，就是因為讀了弗林老師的論文後才一直想去。如果能將老師的想法納入研究的話，或許我的博士後研究的問題就能解決了。

另外在第十章登場的猶他大學的圖雷·賽林老師，則是研究如何用牙齒中碳的穩定同位素比來重建滅絕哺乳類動物的食物，是這個領域的領頭羊。季風的發展對植物的生態系造成影響，繼而影響到一些大型草食性動物的食性，擴展了古生物學研究的可能性。我的博士論文曾經受到賽林老

將博德瓦爾高原地區稱為「哺乳類的演化劇場」的正是弗林老師。

師實驗室的照顧，很想要再在那裡繼續多研究一段時間。

我心神不寧的等待回信。「一定要來！」結果收到了這麼令人開心的內容。幾週後，我先去了位於波士頓的哈佛大學，之後再去猶他州的猶他大學，當客座博士後研究員。

我把達拉斯公寓裡的家具賣掉，當房子空無一物時，似乎準備移居波士頓的真實感也浮現了。我將最基本的行李寄到波士頓，其他的物品則藏在朋友家和南方衛理公會大學的空房裡。

來到哈佛之後，我整天待在比較動物學博物館（Museum of Comparative Zoology，簡稱MCZ）裡，專心的看骨骼標本。「巴基斯坦的鼠化石代表了什麼樣的演化時間尺度呢？」這是我的博士後研究的主題，但是光靠化石沒辦法得到答案，還需要學習現代鼠類的知識。

小心翼翼的從玻璃瓶中拿出標本，用解剖顯微鏡仔細觀察。為了學習，我也觀察頭骨，但是更想要花時間觀察牙齒的形狀。畢竟，像鼠這樣小的動物，大多能以化石形式留存下來的幾乎都是牙齒，因此要和現生動物相比的話，自然範圍也是鎖定在牙齒上。

每一種牙齒的中央尖都有名稱，既然有名稱就表示這些都很重要。對古生物學來說，所謂的重要就是對物種分類有幫助。鼠的牙齒中央尖的基本型是「三個・三個・二個・一個」這樣的九個中央尖，它們的形狀是怎麼樣的？又是如何連接、如何分離的？除了主要的中央尖，還有沒有其他的中央尖等。我們可以發現它們形狀上的差異。

為了了解五百五十種以上鼠亞科的整體情況，我想要先從親緣關係近的，一路觀察到親緣關係遠的。因此，我看了一份關於最新嚙齒類動物的親緣關係樹論文，並在顯微鏡旁，從道「早安」開始，一路專心的觀察到說「晚安」為止，日以繼夜。

「這真的很有意思！」

從大學到碩士，再到博士班，古生物從學習的項目變成了研究的對象，然後也有了搶先發現新事物的競爭意識。從原本單純的只是「快樂的」學習古生物，不知不覺間，變成了似乎總在「不寫論文不行」、「必須獲得研究經費」的壓力迷霧中打轉。

因此，像這樣單純只為解決一個問題而專心觀察的時間，我很喜歡。

這段時間裡，透過觀看顯微鏡，不知不覺和自己的對話時間也增加了，再次感受到自己果然是想要成為古生物學家。雖然有時迷惘有時煩惱，但在這段自我探尋的過程中，似乎找到了解答。

還有另外一個和研究題目相關的答案，似乎也看到了曙光。一直觀察標本，把在意的事項一一記下，然後再繼續進行觀察，就這樣反覆操作，我有了重大的發現。

化石種也好、現生種也好，鼠類（鼠亞科）上面牙齒的中央尖都向後傾斜，這一點和倉鼠類的牙齒個個都像是立於工地的直立三角錐的中央尖有很大的區別。不過，這個區別法有例外，那就是稱為礱鼠（Alvicantini）這一類的老鼠，牠們中央尖中的其中一個——後尖，並沒有向後傾斜，而是直立的。

事實上，在巴基斯坦的化石裡可見到的兩個演化分支中，其中一支（卡爾尼馬塔鼠）裡出現具有直立後尖的族群，這個特徵已經逐漸在演化分支中穩定下來。也許巴基斯坦化石的某一演化分支就屬於礱鼠這群。

礱鼠這族的鼠類，目前都生活在非洲（主要是撒哈拉地區），唯一一個例外是印度灌鼠（*Golunda ellioti*），只棲息於印度。曾經在巴基斯坦、印度等南亞地區繁榮的礱鼠族群，如今在南亞只剩一個物種還存活，至於遷徙到非洲的族群到現在依然昌盛。

哈佛大學的MCZ所典藏的礱鼠族群標本並不多，所以稍微耽誤博士後研究題目的進度，但是面對博士後研究這段時期，期許自己的自我探尋和論文成果，我已經差不多有了答案。

礱鼠（Alvicantini）：Alvicantini這一族群沒有日文名，其名稱是從非洲草鼠（*Arvicanthis niloticus*）來的。
族：在林奈的分類系統中，族是比「屬」大，比「亞科」小的單位。

4 波士頓的破爛公寓

哈佛大學的所在地波士頓，是美國歷史最悠久的城市之一，雖然是美國，但是卻有英國殖民地時期的磚造古老建築物，再加上近代的建築物，形成了時尚的街道。漫步在石子路上，可以看到散步的人以及騎乘自行車的人錯身而過，很有置身在歐洲的氣氛。由於因石油業的興盛而形成的巨大城市達拉斯，成為我心中「美國標準」樣貌，所以乍來波士頓時，我對街景風貌的差異感到非常訝異。

美國東海岸使用的英文速度很快，和德州那種緩慢的南部口音相去甚遠，反而置身在美國的我，卻有種「這裡和我熟悉的美國很不一樣呢！」的心情。事實上正好相反，德州才更有南部鄉下的感覺。

可以想見耀眼的波士頓物價自然高昂，光是租公寓，便宜的就要一千兩百美元，一般的則需要一千五百美元。在這種地方，我成功的透過轉租，租到每個月五百元的雅房。

在美國，收入有限的學生如果想要住在物價昂貴的城市，通常都會幾個人一起合租公寓或是房屋。我所找的房間也是這樣的類型，主要負責租房的人和包含我在內的其他三個房間的租戶，一起共同使用廚房、廁所與浴室。

波士頓有很多古老的建築，有些公寓的中央空調並沒有將冷氣送到全部房間的裝置。不過，因為這裡夏天不太熱，所以很多公寓連空調都沒有。雖然聽到這樣的解釋，但還是感覺有點熱，甚至穿過客廳走進自己房間的短短距離，就熱到我頭暈目眩！

這已經是桑拿等級了吧！而且，與其說這是個房間，不如說更像是有對外窗的儲藏室吧！

我四處尋找房間為什麼會這麼熱的原因時，發現到牆壁竟然在發燙！原來牆壁的另外一側是廚房，而我的室友正在燉煮食物，難怪這個房間這麼便宜，不是沒有道理的。

那一年特別炎熱，用來安慰自己的電風扇完全起不了作用，我感覺自己似乎睡到中暑。如果有冰凍的寶特瓶水放在枕邊，應該是個不錯的消暑點子，但因為四個人共用一個冷凍庫，裡面總是滿滿的，根本沒有放寶特瓶的空間，而且我一打開冷凍庫，一隻雞竟然掉到我的腳邊，讓我嚇了一大跳！「啊！這個也可以啦，沒魚蝦也好。」我竟然就這樣直接拿冷凍雞來取代冷凍寶特瓶使用。

就是在這樣炎熱的夜晚，如槍聲般的爆竹聲響徹雲霄，我才注意到這天是美國的獨立紀念日。真不愧是獨立運動興盛的波士頓，慶祝活動非常熱烈。任何在美國待久的人，自然會對美國獨立紀念日感到興致高昂，我想起在亞利桑那州時第一次見到獨立紀念日的慶祝煙火，在達拉斯時和朋友按照慣例在這天舉行的ＢＢＱ（大家熱鬧嘈雜，十分歡樂）……看著放在枕頭旁邊的冷凍雞肉，回憶起很多事情，今天真是個非比尋常的獨立紀念日啊！

5 目標是美國國立史密森尼自然史博物館

整個夏天，我都在哈佛大學度過，但就在秋天即將到訪之際，我轉去了猶他大學。同樣的在猶他大學這裡，我也得要找價格便宜的房子，最後找到了一間大房子中的套房，有獨立的浴室和馬桶。不過，在設計上，這個房子的「後門」竟然是這個房間的「玄關」，因此打開門就會先看到浴室，真是奇妙！我感覺有趣的生活似乎正等著我，因此立刻下訂。

安定下來之後，我摩拳擦掌的準備開始在猶他的生活，但實際上，我在這裡幾乎沒有研究的事可以做。因為就在我到達的那個星期，用於測量穩定同位素比的質譜儀竟然故障了！讓我一來就不得不忙著修理。然而，這台被暱稱為「Big Dog」的儀器已經完全「死亡」。想要買一台可以取代大狗狗的機器，要價非常昂貴，幾乎可以在市中心建造一棟大房子，於是那一年，我放棄了進行分析的可能性。

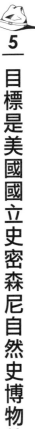

「也是會有這樣的時候啦！」如果有餘裕，我也想這樣保持淡定，笑笑的安慰自己，但對有雇用期限的博士後研究員來說，沒有這樣閒散的時間，況且我還要考慮簽證的事情。如果現在的工作不行，就表示我交不出成果；沒有成果，就沒有下一次的博士後研究機會；沒有了下一次的博士後研究機會，就意味著簽證會失效；簽證一旦失效，不管自己想不想要，都得打包走人回日本去。我很難想像不是按照自己的心意而改變居住國家的狀況，內心萬分焦慮。

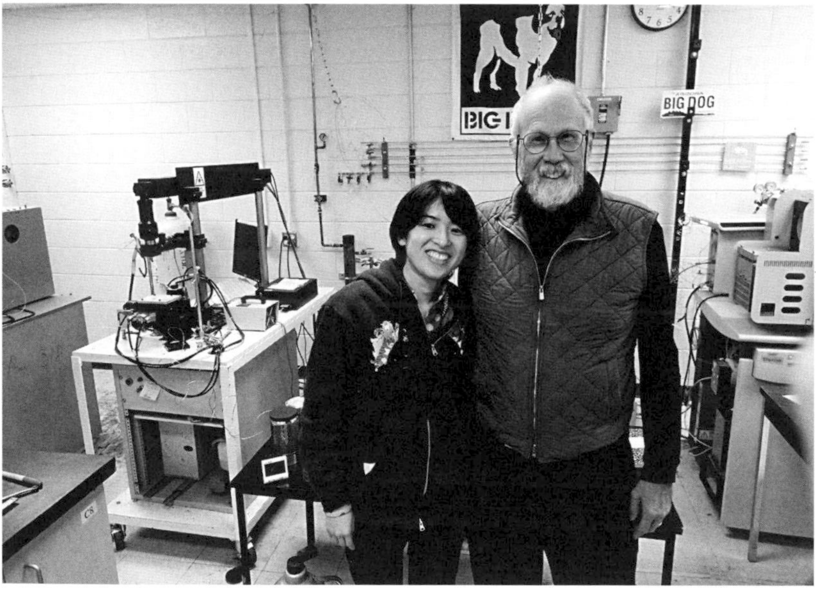

猶他大學賽林博士的實驗室。這個充滿手作感的實驗室不斷產生最新的研究成果。左邊是筆者，右邊是賽林博士。（攝於2020年）

對於下一次的「找工作」，在研究博士後主題的過程中一直放在腦中，不管是坐公車、去超市，都沒有一刻能夠不思考。我向大學或博物館等總計十二個研究機構提出履歷，再加上撰寫博士後研究的申請書。無論如何，我都想要找與古生物學相關的工作，內心掙扎著「不管是什麼工作都想要」和「想要做理想的工作」這兩種心情。在這樣的情況下，有一個博士後機會是絕對不能不嘗試的。

那就是美國國立史密森尼自然史博物館的博士後助學金計畫，彼得・巴克博士後研究員（Peter Buck postdoctoral fellowship）。

只要擁有博士學位，無論身在何處都可以申請，競爭非常激烈。只要合格，就可以在史密森尼自然史博物館的頂尖研究員的指導下研究，還能夠參加博物館館方的教育計畫。能在這樣有影響力的人的圍繞下研究和學習，是千載難逢的機會，我毫不猶豫，立刻提出申請。

至於研究內容，則是繼續以巴基斯坦的鼠化石為材料，並加入其他分類群，以生物之間的競爭和形態變化的關係為焦點進行研究，我非常喜歡這個主題，想要繼續深掘。我和擅長理論古典演化學的傑納．杭特（Gene Hunt）老師連絡，知道史密森尼自然史博物館已經接受了我的申請。能做的都做了，現在只能靜待結果公布。

眼看利用OPT制度延長的學生簽證快要到期，我整天一直不停的檢查信箱，確認是否有信件通知，突然間有幾封不同的通知同時寄來，一封是從我另外申請的日本研究機關寄來的，一封是通知我進入第二次審查，以及也收到了某個機構合格錄取的消息。

這些是拯救我脫離即將面臨失業困境的大好機會。最「安全」的選擇是回日本接受博士後研究的職位，以研究員的角度看來，這似乎是張安全牌。回信答覆的猶豫期有一個禮拜。

「是該選擇正確的道路？」

「還是要選擇走上未知的道路？」

無論是吃飯或是洗澡，我都在想像自己走在正確的道路上，也想像冒險探索未知的自己。

經過仔細思考後，我有了答案，我寫了一封信給成為我老闆的老師，喔，不！正確來說，是「原本有機會成為我老闆」的老師。我向老師表達我的感謝之情，也謝謝他給我考慮的時間。

最終我還是沒有選擇那條安全的正確道路，眼看美國居留許可截止日迫在眉睫，而我竟然還在等待那份競爭激烈的合格結果，怎麼看都會覺得我瘋了吧！

但是對於我這個在日本出生，一心只想成為古生物學家，是科博館讓我更加喜愛古生物，因此對美國史密森尼自然史博物館懷有憧憬的人來說，這個博士後研究的工作場所是對我而言最棒的地方，是唯一可以讓沒有美國國籍、也沒有永久居住權的我，不再只是以「客座研究員」的身分，而是以「研究員」的身分留在美國工作的方法。這項賭注值得我傾注在美國留學期間的一切！

即使賭輸了，我也不會後悔我的選擇，同時我也向另外一個進入二次審查的機構提出退出申請。我在電話裡和媽媽說出自己的「辭退」決定時，我感覺與其說是把自己的「後路都斷絕」，更不如說是「結下緣分」，有種終於和憧憬之事連結上緣分的感覺，我是這樣想的。

過了一陣子，史密森尼自然史博物館的命運之信終於寄來了。雖然已經有所準備，但還是感覺自己呼吸變得急促，心跳聲更加的響亮，我趕緊跑去學校找我實驗室的朋友，感到稍微安心之後，用顫抖的手打開信件。

本以為是一封「祝福信」，但讀的時候，卻找不到婉拒的詞句，取而代之的是好像要辦理什麼手續的內容，儘管很想要好好閱讀，但是眼睛卻跳過了文章，因此腦袋裡無法理解信件的內容。

祝福信：是日文中對於求職時，公司寄來的「婉拒信」的戲稱。因為通常這種信件的文末都有著「祝您未來求職順利」或是「祝您未來一切平安」等，所以被稱為祝福信件。

安靜了一會兒，一位聲音洪亮的實驗室朋友走了過來，大聲的喊：

「You got the job!!」

這個聲音在我的耳中迴響。

不可能吧？騙人的吧？是真的嗎？我真的能去史密森尼自然史博物館了嗎？

6 在史密森尼自然史博物館的短期決戰

當我拿到了美國國家史密森尼自然史博物館的員工證徽章時，在這裡擔任博士後研究員的真實感覺才逐漸湧現。在這裡，除了來自美國的研究員，還有來自世界各地的年輕研究員，聽他們分享研究成果，其中有一些我根本想不到的方法和複雜的分析方式，有時甚至會覺得自己技不如人而感到羞愧，但是大家都很溫暖的歡迎我。

我本來是隸屬於古生物研究團隊，但因為現在是在現生哺乳類動物收藏庫裡觀察大量的標本，所以和動物學研究團隊有比較多的交流機會。

尤其是和凱文・德・奎羅茲（Kevin de Queiroz）博士聊天，特別有趣。他是爬蟲類演化生物學的專家，是一位對生物的「種」要如何識別為群體的概念性研究非常有名的研究員。

到現在為止，曾被記錄到生物物種有一百七十萬種，而包含未知的種類在內，約有兩百萬到一千萬種左右的生物在地球上生活。像這樣，說地球上有多少種生物的話，可能會讓「種」的概念變成很清楚。但是實際上，隨著研究的推進，種和種之間的界線越來越難界定，甚至出現好幾種「種」的概念（或者說定義），因此生物學曾經有過很混亂的時期。

一般最為人知的種的概念是生物學上的「如果一群生物群體在自然條件下交配，可以生下具有生殖功能的後代，這個群體就可以稱為同一種。」除此之外還有基於生態特性、遺傳或表現型的差異，以及系統發生種等概念為基礎的定義。

德．奎羅茲博士特別強調這些概念並非個別獨立存在，而是有著不可分割的關係，他把所有種的概念整理成一個，以此為據，說明各種種的概念其共通點在於「互相獨立演化的群體」，並把這保留為「主要定義」，而其他的概念都視為是種可能具有的屬性（這個稱為統一種概念）。

想像一個稍微胖一點的字母Y，有一個群體從這個字母Y的下方往上演化，在分叉處分歧成兩個集團。如果這個Y的形狀較纖細，那個分叉處就會像是一個「點」，可如果是胖一點的Y，分叉處就可以視為是一個「面」。過去對於「種」的定義一直只考慮纖細的Y，但也有一些其他各種形式的Y被提出。而新的統一種的概念，就是將這些各種形式的Y重疊，疊成一個能包圍住所有形式的超胖Y，在超胖Y的分叉「面」上，分成的兩個不同族群，各自獲得了物種的特徵。

聽起來有點複雜，但總之，這種「種」的概念出現之後，使得依據遺傳因子來分類種的動物學者，或是研究骨頭形態的古生物學者，儘管對種的界定位置有所不同，但對於處理的生物群體基本上沒有太大的差異。

德．奎羅茲博士的概念性論文實在是很有趣，而且他開心講話的樣子帶給我深刻的印象，我也想要試著做做看像德．奎羅茲博士那樣的研究。

所以，雖然這個念頭，和我最原先計畫在史密森尼自然史博物館中想做的研究有所不同，但是這個新的種的概念，可以用來整理巴基斯坦的鼠化石資料，並將這些古生物資料以Y的形式發表在專門的期刊上。

話說回來，我還有一個未完的任務，就是在哈佛大學時，我想要找到的那個演化尺度的答案。

這個時候，日本的國立科學博物館正打算招聘新的研究員，我準備前去申請。富田老師的退休時間快到了，如果我錄取上，可以待在史密森尼自然史博物館的時間就會比我想像的還要短。我不想要半途而廢，得在這裡做出點什麼成績，我意識到這是一場短期的戰鬥，必須思考什麼是需要優先考慮的。

果然，還是標本觀察最好。史密森尼自然史博物館的館藏中，保存歷代關係者自世界各地收藏而來的標本，光是現生的哺乳類動物就有六百萬件以上。僅僅是看標本的標籤，就可以感受到半世紀以前的人士以怎樣的心情到野外探查並蒐集到標本的，這不禁讓我深深感慨。

史密森尼自然史博物館的收藏庫對於研究員來說，是夢寐以求的地方。在這裡，我不斷的反覆進行觀察、記錄、拍照。

當我大量觀察保存在這裡的蘢鼠時，發現果然牠們牙齒的後尖都是直立的。不過這個特徵本身也出現在其他種的鼠。像是日本特有種琉球裔鼠（*Tokudaia*）、巢鼠（*Micromys*），後尖也都是直立的。因此光憑後尖是否直立，似乎不足以作為判斷的依據。若是這樣，我決定加入後尖的大小、以及後尖對面，稱為t7的小中央尖是否存在的這兩個條件來全面重新驗證。在這個情況下，巴基斯坦化石的卡爾尼馬塔演化支是「後尖小、直立、不存在t7這個中央尖」，將這個特徵固定下來，而裔鼠則是後尖大、巢鼠則有t7這個中央尖。經過這樣的再檢視，果然只有蘢鼠擁有和卡爾尼馬塔演化支同樣的特徵。

我之前粗略的稱之「卡爾尼馬塔演化支」的巴基斯坦化石，確實是齷鼠的一族。在巴基斯坦的化石中，我們發現了與大鼠直接相連的族群。那個Y字的分歧，現在主要是各指生活在非洲乾燥地區的非洲草鼠（*Arvicanthis*）和小鼠的演化分支。也就是說我們可以用巴基斯坦的化石證據來定義新的分歧點，至少在約一千兩百萬年前，非洲草鼠就已經和小鼠走上不同的演化道路了。

順帶一提，雖然「齷鼠族」這個名稱可能聽起來有些陌生，但在日本的動物園裡，你可以看到屬於這一族群的「巴巴里條紋草鼠」（*Lemniscomys barbarus*）。牠的毛髮有像野豬幼仔一樣的條紋，非常可愛，如果有機會的話，請務必去看一看。

接下來，我需要確認這個新的分歧點是否真的正確，這時就需要進行測試，也就是說，儘管「真正的答案」尚不明確，但我計劃將這個新的分歧點加入到現有的分子親緣關係樹中，以檢查估計的各支分歧點是否與化

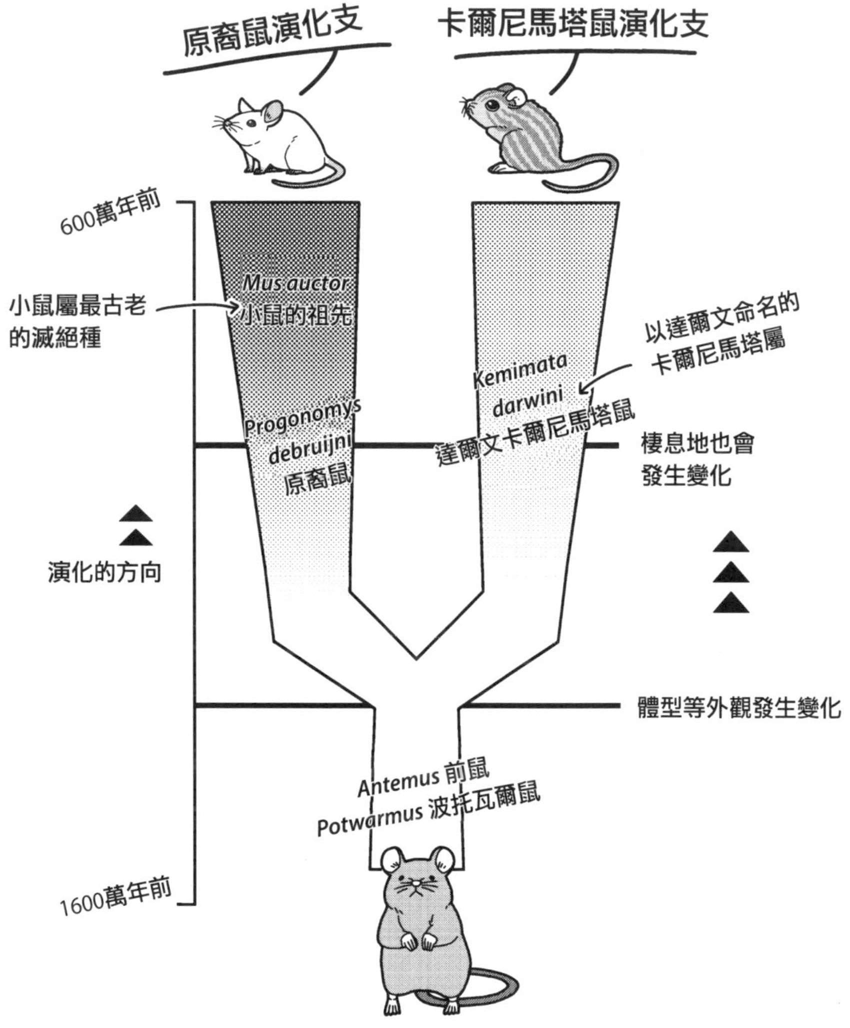
原裔鼠演化支
卡爾尼馬塔鼠演化支
600萬年前
小鼠屬最古老
的滅絕種
Mus auctor
小鼠的祖先
以達爾文命名的
卡爾尼馬塔屬
Kemimata
darwini
達爾文卡爾尼馬塔鼠
Progonomys
debruijni
原裔鼠
棲息地也會
發生變化
演化的方向
體型等外觀發生變化
Antemus 前鼠
Potwarmus 波托瓦爾鼠
1600萬年前

石記錄相符。

正巧我認識博士後研究是在做分子親緣關係樹的朋友，我們約好了要一起做研究。我和兩位朋友要將幾年前發表過的分子親緣關係樹論文，做部分修改並重新分析，接著就是證實新的理論。

7 國立科學博物館，您好！

今天是我在華盛頓D. C.的史密森尼自然史博物館的最後一天。

幾天前，下了場讓大門都難以打開的大雪，我和重要的朋友一起堆了雪人，作為告別的象徵。

賣掉心愛的電動摩托車，公寓裡的東西也漸漸消失，我是真的要離開了。波多馬克河畔種了很多櫻花，樹枝前端的花苞緊閉著，還需要一段時間才會開花，但是等我回到日本，日本的櫻花卻已經長出葉子了。

回想起來，不過是兩週前的事，那時都還不確定是否能真的回日本。但當接到日本國立科學博物館的錄取電話時，我看了一下四周，心裡開始湧現對「異國」生活的期待與不安。啊！日本對我來說竟然有著異國感。比起期待，心裡更多的是忐忑。但說實話，我很開心，因為我很想進入的研究機構竟然公開招募，這是我應徵的第十三個研究機構。

在達拉斯舉辦的第75屆古脊椎動物學會年會派對。從左至右依次為，被我視為是研究人生的目標，雅各布斯研究室的前輩小林快次先生、富田老師，以及筆者。

當初在科博館，我決定要將「小型動物化石」當作起點，豎立小小的標竿，從這裡開始，希望能慢慢擴展我的守備範圍。

我的人生也有一個很大的Y字，那就是恐龍和鼠類的分歧點，我終究走上了鼠類研究的道路，獲得了很多的經歷。

在這條路上，光憑自己一人奮鬥是不可能的。多虧了一直在我身邊，總是用爽朗的聲音鼓勵我的後援會會長——我的母親、在Y字的分歧「面」上，影響我的富田

西班牙巴塞隆納郊區的化石發掘地。這是我在國立科學博物館工作以來參與的第一個國際合作項目。

老師、那些同為侏羅紀世代的朋友、在研究鼠類的路上遇見的雅各布斯老師，以及給予我支持鼓勵的美國朋友……是這些人在背後支持著我，才能一路走到現在。

在充滿各種感謝的路的前方，會有怎樣的生活等待著我呢？當然，我首先要完成的是「演化的時間尺度」論文。

當我在離科博館最近的公車站牌下車後，有條路直通新的研究室。那裡有池塘，還有滿開的櫻花樹，當筑波的風吹來，無數的櫻花花瓣落在我的腳邊，彷彿預告我將在科博館開始的喧鬧日常。

嗨！科博館的筑波研究機構。

您好！

「演化的時間尺度」論文：發表於2015年國際期刊《Scientific Reports》上。

現在是當初所想像的未來

侏羅紀公園世代

特別對談 1

林昭次

Shoji Hayashi

岡山理科大學生物地球學部講師。理學博士。2009年北海道大學大學院理學院自然史科學專攻博士課程畢業。經歷為北海道大學專門研究員以及札幌醫科大學兼任職員、德國波恩大學博士研究員、大阪市立自然史博物館學藝員。2017年開始擔任現職至今。

想要挑戰各種有趣的事情，而「恐龍」是其中一項

全力以赴的每一天

林昭次（以下稱為林）：再次接受採訪有點不好意思呢。

木村由莉（以下稱為木村）：我們很少像這樣公開交談！記得我們第一次見面是在科博館的講座，對嗎？

林：是在神奈川縣立博物館（神奈川縣生命之星．地球博物館）吧？

木村：是喔？那就是大學二年級的時候吧！

林：應該是妳大二，我大三的時候。以前曾經待過科博館的小原巖老師，離開後去了日本大學負責帶領研究員的實習。他跟我說，神奈川縣立博物館的樽（創）老師舉辦了讀書會，所以我就去參加，在那裡遇到妳，還有

（中島）保壽等人。

木村：我在寫這本書回顧自己的歷程時，覺得對我影響最深的就是和「侏羅紀公園世代」的人相遇的時候。那時無論是參加科博館的講座，或是神奈川縣立博物館的讀書會等，讓關東圈喜歡恐龍的人自然聚在一起、交換情報或是述說未來的夢想。我覺得現在的自己是處於「當時想要的未來」，不知道昭次是怎麼看待那個時期的，所以我特地來岡山問問你。

林：喔，我那個時候是很拚命的。當時在打工的地方，有個前輩問我：「之後打算做些什麼？」那時在日本大學雖然可以學到古生物的知識，但是無法學到恐龍類的古脊椎動物知識，所以漸漸的不太想去學校了，我回答這些之後，前輩好像說了：「我第一次聽到你說喜歡恐龍，你只是因為小時候喜歡恐龍才這樣隨口回答吧？」的確，我和其他人不同，不是什麼恐龍狂熱分子，其他人才是真的恐龍迷，竟然可以把圖鑑上的恐龍背到滾瓜爛熟。所以第一次和大家見面時，我反而覺得大家才是真的奇怪。

木村：在十八到二十歲左右的時候，大家都差不多，只有在自己喜歡的事情上，以及知識上會有所差異，但這些後來又會漸漸變得平衡。

林：我自己沒有過這些感覺，或者說，我沒有去面對過這些。所以，我覺得自己不做點改變不行，想說那就先去美國看看吧！這是我第一次出國，也是第一次獨旅，而我沒有特別明確的目的地。就這樣去了洛杉磯、鹽湖城、芝加哥、聖地牙哥……前後大概花了一個月左右的時間。

木村：去了很多地方嘛！有去博物館嗎？

林：有啊，我到博物館看恐龍，想說看能不能有什麼啟發。然後我看到一個小學生還是中學生在清修化石。

木村：看來展示區有規畫清修展間呢！

林：那麼小的小孩都能做的事，我怎麼就做不到呢？之後想想那不過是個「體驗」活動，但當時我沒有想到，所以拍了一堆照片，發現自己的確是喜歡恐龍，然後就回來了。

木村：從那之後，你就開始變得非常拚命了嗎？

林：對啊！

木村：你不覺得我們周遭都是東京大學的人嗎？我是少數「非東大幫」的人，一直很在意那些優秀的東大學生，無論是基礎的學術能力或是其他，完完全全拚不過他們。昭次你覺得呢？

林：嗯，沒有想過耶！確實基本學力是有差別的，但是這個領域需要實作的地方很多，所以總是有辦法的吧！我的想法比較樂觀啦。

木村：你說大三的時候感覺到基礎學力有差距，但是這個領域比較要求實際作業，所以還可以應付，對嗎？

林：如果我的能力只有那些東大幫一半的話，我就付出雙倍的努力就好啦。我去了神奈川縣立博物館的老師那裡，也去了林園自然科學博物館（現在閉館中）副館長石垣（忍）老師那裡（現任岡山理科大學），總之我一直四處走訪，覺得自己某些部分有所成長。而且，後來和保壽成為了好友，兩個人一起在多摩川進行調查，那裡有很多骨頭，像是鯨或是象的，滿有趣的。

木村：我記得這件事情讓我很驚訝。

林：由於這個領域要入手可以當作研究材料的標本是很困難的，所以首先要想的是去哪裡得到這些，以及是否可以得到指導。我一直只考慮這兩件事情，沒有在管周遭的事情，總之全力以赴就對了。

木村：剛剛你說過可以「加倍努力」，但我覺得，即便我和東大的人做同樣的事情，也無法達到同樣的成就，所以我只做我擅長的事情。以我來說那就是英文。雖然我們兩個有同樣的感受，但完全用不同的方式在努力。

作為職業的「研究員」、當成研究對象的「恐龍」

木村：在大學做研究的時候，就想過將來要把研究員當作職業嗎？

林：完全沒有想過。

木村：欸?!那你是想要研究恐龍才進研究所的嗎？

林：或許吧！因為想研究恐龍。我想說如果要研究恐龍，就非得去念研究所吧？可能也需要去攻讀個博士。研究所的時候我做了劍龍的成長調查，在日本，劍龍化石只有兩個，而且只有一個標本公開。但是對照以前的論文，我覺得我觀察的個體有些變異，無法判斷是原本就成長成這樣，還是因為這是個生病的個體，而且要做成長調查，就得從幼獸開始一直到成體，不去比較好幾個個體是不行的。因為想要知道的事情越來越多，感覺真的得去念博士了，然後直到念完博士才發現我找不到工作了（笑）。

木村：是這樣的嗎！！！也太令人意外了……！

林：雖然大學的老師也說過「即使念到博士也找不到工作喔！」但說的時候大多都是笑著講的，我那時固然腦中也飄過同樣的想法，但沒想到竟然是真的（笑）！

木村：所以是到博士論文結束後才想要當研究員嗎？

林：大概是在那之前。其實我小時候的夢想是「到世界各地去研究恐龍」，然後那個夢想在博士班的時候實現了，實在很開心。但是在快畢業，不得不考慮將來的事情時，就在想我要怎麼以此維生。

木村：所以你終於面對現實，開始盤算未來的生計問題了吧？

林：對。最近我想的是，我或許不適合做別的工作。雖然我也不確定這份工作適不適合我，但是至少在我的心裡，這可能是份很好的工作。話雖這樣說，但我也還沒去嘗試過別的事就是了。我只是希望可以發現更多有趣的事情，不過這些都只是過程而已，我還在思考。

木村：對昭次而言，你覺得做研究最有趣的點是什麼？

林：當然是發現新事物的時候，或是發現了還沒有人知道的東西。然後，因為我們從事的是特別的工作，可以和其他領域的人建立連結。像是水族館、動物園的人，其他的還有音樂家、動畫師，以及媒體人等，結交了很多朋友。

木村：確實，用「恐龍」這個關鍵字，可以跟各種領域的人合作，的確是滿有趣的，也算是這份工作的額外好處吧。

林：博物館、美術館、水族館、動物園等應該是互相有所關聯的，但卻給大家每個單位都只偏向某種領域的印象，所以我覺得要是能合作的話也不賴！因此最近，我會去動物園或水族館裡展出化石，以及設計現生動物的進化之謎，就是這個原因。不過，我會這樣想，應該是受到真鍋（真）老師和小林（快次）老師的影響。像真鍋老師，就在科博館展出了繪本的企畫展（「繪本中的生命之旅」二〇一九年十二月到二〇二〇年二月），我認為那是藝術和科學的結合。

木村：的確是這樣呢！

林：我常想要挑戰有趣的事物，恐龍研究或許就是其中一項用來實現有趣事物的工具。我對人生充滿期待，因此若能透過恐龍做點什麼就太好了。

木村：真棒！能說出「我對人生充滿期待」這句話！很多人都會覺得做研究是種「犧牲」，特別是二十幾歲的人，因為周圍的人都開始閃閃發光，而自己卻不得不埋頭苦讀。對了，幾年前你在ＮＨＫ教育頻道參與的「Science ZERO」節目，也是出於剛剛說的想法嗎？

林：不，那是另一件有趣的事。我在北海道大學讀書的時候，印象很深刻的是在一個聖誕夜裡，和學弟兩人待在研究室裡做研究，那時我們天南地北的聊天。那個學弟是位非常優秀的人，卻覺得自己當不了研究員。他説「一般研究人員所説的話，因為內容艱深，普通人很難理解，因此我想要當一個可以把研究有趣的一面傳遞給民眾的人！」他透露了他的夢想。所以我們説好，如果將來我們各自的夢想都實現了，他會叫我來參加他初次製作的恐龍節目。兩個男人在聽著聖誕歌曲的同時，一邊做了約定（笑）。然後，他真的實現了。

木村：欸?!就是那個「Science ZERO」節目嗎？

林：對啊！他找我當來賓的那一集，就是他在NHK就職後第一次負責的恐龍節目，結果花了好多時間呢！

木村：太厲害了，真叫人熱血沸騰。

偉大的麥可・傑克森

木村：昭次有點像會隨著成長漸漸改變名字的「出世魚」，感覺一路以來一帆風順，讓人覺得你是一個逐步提升自己實力的人。

林：最初是從大學考試失敗開始的，然後我去了真鍋老師那，和一群東京

大學的學生混在一起，之後就去了北海道大學，實際上是不是真的一帆風順我不清楚，但是看起來應該還可以。

木村：那時有過挫折或是煩惱嗎？

林：當然有啊。尤其是英文，簡直像牆一樣難以翻越。那時我和真鍋老師請教未來的路，想要在北海道大學攻讀博士學位。真鍋老師跟我介紹了小林老師，當然會被問「來我們這裡打算要做些什麼呢？」對吧？然後我說想要做劍龍的組織學，可是北海道大學沒有這樣的研究材料。所以如果要進行，就得自己去找材料。難的是，組織學是門需要將骨頭切開來研究的學問，光是要怎麼切開劍龍的骨頭就不容易了，該怎麼辦呢？還是改做別的研究？但是一路以來一直研究劍龍，事到如今要改變也不容易吧？就這樣一直煩惱著。然後真鍋先生就建議我去聯絡研究劍龍的權威，在丹佛自然科學博物館工作的肯尼思・卡彭特（Kenneth Carpenter）。但是，因為我英文不好，不知道該怎麼跟國外這位這麼傑出的老師聯絡。

木村：但你最後還是聯絡了吧？

林：不只聯絡，我還去了唷！那個時候，我常常和朋友去參加一些音樂祭，在那裡搭訕外國朋友，有時候我們也會組成小團體一起玩，雖然不會英文，但是藉由畫圖或是比手畫腳等方式，竟然還是可以溝通。我想原來這樣也行！就順勢去聯絡卡彭特老師，而且因為我沒有錢，我還請老師讓我去他那住一個月，現在想想真是胡鬧（笑）。

木村：不會吧！！

林：真的真的！不過雖然他接納了我，但最開始他只給我一些骨頭碎屑。不過畢竟一起生活了一個月，漸漸變得友好起來，然後就在一起去吃飯的時候，我說我想要成為像你一樣的研究員，所以無論如何我都要去小林老師的研究室，但我需要你提供材料。

木村：這些全部都用英文說的嗎？

林：對啊，我已經十分盡力，但顯然沒有傳達出我的心意，所以最後我只好對老師說：「You are my star! You are my Michael Jackson! 你是我的偶像！你是我的麥可．傑克森！」

木村：沒想到搭訕這一套竟然可以用在劍龍身上呢（笑）。不過很多學生之所以裹足不前，就是缺乏這種自在、不拘小節的態度。有時候放開一點、順勢而為、充滿熱情的堅持到底，都是很重要的。

林：當時我的想法很簡單，不管我頭腦夠不夠好，總之動起來就對了。

木村：我也是，我覺得只要我不停下來，或許就能一直前進。

林：小林老師也常說，有兩種人可以成為研究員。一種是非常優秀的人，自認為我比誰都聰明，我如果沒辦法當研究員的話，那還有誰可以當？另一種是，什麼都不考慮的笨蛋。這兩種人的共通點就是，一直不停的勇往直前。

木村：嗯！或許是這樣喔！

第一代國產的古生物學者

木村：昭次最後終於還是去北海道大學了，順利的在小林老師的指導下就讀博士班，你會在心裡想著總有一天要超越小林老師嗎？

林：不只是小林老師，我對所有人都有這樣的意識。畢竟那時的日本是個恐龍或是古脊椎動物研究員少有的年代，像真鍋老師或是小林老師都是從國外留學回來的，而我應該算是第一代日本國產的古生物學者吧？所以無論是我的組織學研究、或是藤原（慎一）的模擬研究，在日本，甚至是在亞洲都算是先驅。所以，我不想被埋沒，想做點和別人不同的事，我想更多的展現自己的個性。

木村：做研究的人應該都希望自己能找到一些新的東西，如果每個人都做一樣的事情就沒意思了，會想要自己找新的研究方法。

林：如果和大家朝同樣的方向前進，就很難找到新的衝擊。

木村：小林老師當時是不是比我們現在還年輕呢？

林：好像是三十多歲快四十歲左右吧。

木村：的確已經超過小林老師那時的年紀了。啊！好期待啊！接下來的一百年，我們這群侏羅紀公園世代的人會有什麼樣的影響呢？

林：跟妳說，其實我並沒有受到《侏羅紀公園》這部電影的影響耶！

木村：沒有嗎?!

林：嗯，衝擊當然有，但我想這並不是讓我決定走古生物領域的關鍵。

木村：《侏羅紀公園》電影裡有個女性研究員，我被她把手伸進三角龍的大便中的場景嚇到。在那之前我雖然去參觀過恐龍的博覽會，但真的希望從事這個職業，就是因為看到電影這一景吧！

林：我的話則是哥吉拉。我三歲的時候，《哥吉拉》電影上映，看完後去了大阪的自然史博物館。對三歲的小孩來說，無論是恐龍或是怪獸都是一樣的，只是哥吉拉是虛構的，而恐龍是真實存在過。我想知道像哥吉拉這樣的生物是怎樣生活的。

木村：我完全都不知道耶⋯⋯我以為，我們這個世代都是受到《侏羅紀公園》的啟發，像（平澤）達矢也是這樣的。

林：說不定平澤也和我一樣呢！

木村：下次我來問問看吧！

（二〇二〇年三月上旬收錄）

侏羅紀公園世代

特別對談 ②

平澤達矢

Tatsuya Hirasawa

懷著小學六年級時交付給現在自己的「古生物學家研究室」夢想

東京大學大學院理學系研究科副教授。理學博士。2010年東京大學大學院理學系研究科地球行星科學專攻博士課程畢業。經歷為理化學研究所基礎科學特別研究員等。2020年4月擔任現職至今。專業為古生物學、演化發生學。

渴望成為穿著牛仔褲的古生物學家

木村由莉（以下稱為木村）：研究室整理好了嗎？

平澤達矢（以下稱為平澤）：還沒，因為新冠肺炎的影響，幾乎都沒有來這裡，現在要來開始處理各種事情了。

木村：原來如此。聽說你今年四月開始就要成為東京大學的副教授了，想說趁著這難得的機會要去你的新地盤聊天……結果我們還是要線上對談。

平澤：沒關係啊，等我都整理好了再來玩！

木村：一定會去的。我三月的時候，先跟昭次對談過了。你記得嗎？在以前，還沒有明確的古生物學家養成之路的年代，為了成為研究員，大家都好拚命！因為有你們這群「侏羅紀公園世代」的朋友，所以現在我才能夠擁有自己的研究室，能指導學生。我想要再次談談我們過去的那個年代，以及現在的事情。因為我們和昭次年紀相仿，一直都在關心對方。

平澤：好像我們兩個取得學位的時間也差不多？

木村：我比你晚一點，你先拿到學位，然後去理研（理化學研究所）做博士後研究。我聽到這消息時，心想「真不愧是澤矢啊！」

平澤：是這樣的嗎？

木村：我印象很深刻的是我們還在大學生的時候，我對恐龍和古生物還存有那種充滿孩子氣的提問，但是達矢卻已經說出了「想要重建呼吸系統」這樣的話，你還記得嗎？

平澤：嗯，大概是三年級的時候吧！

木村：那個實在是給我太大的震撼了，竟然會想要去研究化石無法留下的東西，究竟要怎麼進行啊？那個時候，我想一定要好好的拜讀這個人的碩士論文和博士論文。明明我們就是同世代的人，但是你卻已經走在很遠的前方，讓我們望塵莫及。

平澤：你是不是太過美化過去的事了（笑）？

木村：沒有，是真的很厲害啊！還有我還記得我們最初見面的時候，我想說這個人也太喜歡牛仔褲了吧（笑）！

平澤：欸？妳在說什麼？

木村：你那時穿的是洗了就會縮水的高級牛仔褲，不是像我這種如同橡皮一樣具有彈性的便宜牛仔褲。

平澤：我的確是很喜歡牛仔褲啦，尤其是古董牛仔褲，特別是第二次世界大戰時期製的，那些牛仔褲還有個體差異，相當有趣。

木村：牛仔褲的個體差異？？

平澤：嗯，俗稱「大戰版型」，這是指只在一九四二年到一九四五年間生產的牛仔褲。那個時代因為物料短缺，所以牛仔褲有各式各樣的面料。由於工廠內經驗豐富的老裁縫師主要是做軍裝，所以不太熟練牛仔褲的製作方式，因此每一件的個體差異非常大，光看縫紉的方法或是圖案就能判別年代。

木村：怎麼聽起來有點像是在辨別物種啊（笑）。

平澤：這樣說也沒錯，就像暴龍不是有名的恐龍嗎？在討論牠們的骨架時，會用標本編號來稱呼牠們，那個個體有這樣的特徵、這個個體有那樣的特徵，或是這個個體還保留著這個部位等。古董牛仔褲也是這種感覺，可以單獨討論某一件牛仔褲。

木村：沒想到牛仔褲的話題也能牽扯到暴龍。

平澤：還有，牛仔褲是自由的象徵，也就是說，雖然我是古生物學者，但是穿著牛仔褲工作是我的理想。也不是說就不穿別的衣服，例如西裝，但還是覺得牛仔褲最好。因為無論是寫論文、指導學生、或是工作，都是靠著自己的判斷做決策，我想這種自由的風格就和牛仔褲所賦予的自由精神不謀而合吧！

木村：原來如此。對了，你不覺得剛開始參加SVP（古脊椎動物學會）時，會受到很大的衝擊嗎？那時我還是個學生，被通知說要穿著正裝去，所以買了套裝，結果到了會場看見那些寫出有名論文的教授，個個都是穿髒髒的T恤和牛仔褲。現在是司空見慣了，但當初真的很令我震撼。

研究領域中的流行與淘汰

木村：你是什麼時候獲得ＳＶＰ的科爾伯特獎？二〇〇八年？

平澤：對，二〇〇六年時曾經挑戰過一次，那時是第二名。

木村：是這樣喔，所以二〇〇六年是第一次參加ＳＶＰ？

平澤：不是，最早去那裡聽發表是大學三年級的時候，因為沒有研究經費，所以得去打工賺錢。

木村：超早的！那時我們同期的應該還沒有人去過吧？

平澤：應該沒有。但是我說我要去的時候，藤原（慎一）說他也要去。所以那次是我們兩個一起去的。現在可能入場的方式已經有所改變，但當時需要有人推薦才能去ＳＶＰ，常常碰面的真鍋老師就是我的推薦人。

木村：那時是不是很流行親緣演化分析？似乎看到很多不同的演化分支。

平澤：嗯，還有ＦＥＡ分析（Finite Element Analysis 有限元素分析）之類的。

木村：對對對！那是在古生物學中沒有使用過，最早導入其他領域研究工具的時候。在大學時期看到這樣的東西，對以後的研究有產生影響嗎？

平澤：那個的話，反倒是現在才感覺到。畢竟那是新的東西，可能會流行也可能會被淘汰。當然一開始做的人可以選擇主題，做出點有趣的東西，但是後來的人可能只能做一些邊邊角角的研究。如果是以專家的角度來看，可能還是很有趣，但是用宏觀的視野考慮到這研究對其他領域的影響，就不容易了。最近看到潮流的變遷，讓我有很深的感觸，因為當你跟風追隨流行時，可能已經太遲了。

木村：這讓我想到，有一些先驅者因為已經做了很完美的標本，因此後人沒辦法再作主要的部分，只能處理其他的小地方。

平澤：所以，也不是說不能做，只是不要成為那種跟風的專家。不要只是因為將來可能會流行，就把它當作是主要的研究，如果當中沒有其他的想法，將來會很辛苦，這是我指導學生時希望能傳達給他們的觀念。

木村：讀到這段，可能有些人會覺得芒刺在背吧。

平澤：沒有啦，只是希望大家能自我提醒而已。

目標是發現新種

木村：你從大學開始，就一直對未來有著自己的想法。因為我們的學校不同，所以我們只會在博物館的講座上見面，相對於周遭的學生都在聊一些關於打工、或是有趣的話題，達矢你卻只會講關於研究的事情，所以我甚至連你喜歡牛仔褲的這件事都直到今天才知道呢（笑）。

平澤：說沒有考慮未來的事情是騙人的。嗯，是啦，我的確是有在想，而且我還做了一張人生計畫的 Excel 表呢！

木村：是那種幾歲以前要完成什麼事情的清單嗎？

平澤：嗯，當然當中也有一些沒有實現，但是像「三十幾歲的時候要當上副教授」這種計畫，這次就實現了。

木村：你以前就有在寫這東西嗎？太厲害了吧！你在東大理學系研究科時做的事情，進入東大教職之後也還會繼續進行嗎？

平澤：我在理學系研究科時做了很長時間的博士後研究，這期間我一直在解決各種動物的發育和演化謎題，從遺傳基因和細胞層面進行研究，但我覺得還有一些不足的地方。例如關於大量滅絕這件事，在演化生物學裡完全沒有討論到這件事。如果在親緣關係樹上某一分支出現大量滅絕，那個分支就會一口氣被剪掉，而殘留下來的變異就是今日生物多樣性的基礎，這一點必須要意識到。此外，考慮到時間軸時，脊椎動物約在五億兩千萬年前左右登場，然後登陸是約四億年前的事。僅在最初的一億兩千萬年前，就幾乎演化出如今的脊椎動物，在之後的四億年間演化上卻沒有什麼太大的變化。當然有像鳥這樣會飛的生物出現，但是鳥和恐龍相比，似乎沒有什麼驚天動地的感覺。

木村：的確，從海洋到陸地的進化是最戲劇性的。

平澤：演化的速度並非一致，如果沒有考慮這一點，我覺得就不算是真正理解演化。所以，我打算繼續以化石為基礎，從事發生學的研究。

木村：在古生物學中，雖然最多的研究是找出新發現的化石是屬於哪一種生物的分類學，但以發生學的角度來看，過去生活的動物的分類還是重要的嗎？

平澤：我覺得很重要，或者說，我至今都沒有做過新種發現這件事，但是我很想做。

木村：第一次聽到你這麼說呢。

平澤：我也很想試著說「嘿，有新種生物出現嘍！」這樣的話，像北海道大學的小林老師那樣。我來到東京大學，在專門研究古生物學的地球行星科學系裡工作，所以未來想以國內為中心，進行實地考察。

一直構想中的未來

木村：你是從什麼時候開始在理學系研究科的？

平澤：從二〇一〇年開始，正好十年了。

木村：博士後研究期間算很長了吧。一直待在神戶，會想回到東京嗎？

平澤：嗯，我是沒有拘泥工作地點啦……這段時間，我應徵了很多大學，雖然都沒有被錄取，但我自己的內心是想要回東京大學。

木村：我大學的時候在科博館的富田老師研究室裡工作，之後雖然去了美國，但也是一直想要再回來這裡。是啊！希望能有個地方能夠安身……真是有趣呢！而且，我們當初在大學時因為科博館的講座獲得動力，現在看到達矢能夠成為教導學生的角色，感慨良多。

平澤：這樣想想也是呢！

木村：現在是不是感覺自己已經身處在過去一直以來構想中的未來裡呢？

平澤：嗯，妳看過這個嗎？（他將寫有「PALAEONTOLOGY LAB」字樣的牌子顯示在屏幕上）

木村：之前在臉書上看過，是小學時候做的吧？

平澤：是在小學六年級時，《侏羅紀公園》上映的時候作的。

木村：啊！果然你也是受到《侏羅紀公園》的影響吧！

平澤：是不是直接影響有一點難說，但是要把我歸在侏羅紀公園世代的

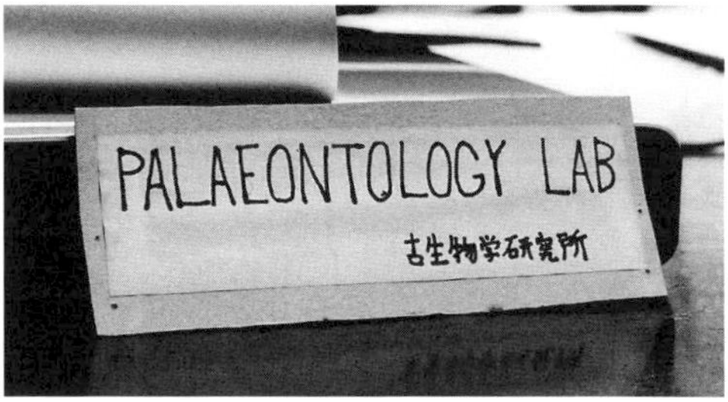

小學六年級時，用手寫的「PALAEONTOLOGY LAB」。

話，我覺得並不為過。

木村：太好了，這才是真正的侏羅紀公園世代的對談嘛！昭次跟我說，他其實沒有受到太多這部電影的影響呢（笑）！

平澤：我覺得那部電影對我的影響是——男主角是古生物學博士。現在的小學生有很多地方可以獲得很多情報，但是在我小時候幾乎還沒有恐龍情報的年代裡，完全不知道竟然有專門研究恐龍的工作，第一次知道就是因為電影。如果電影內的男主角不是古生物學者而是警察之類的，只是碰巧電影裡有出現恐龍，那對我的影響可能就不會這麼大了。

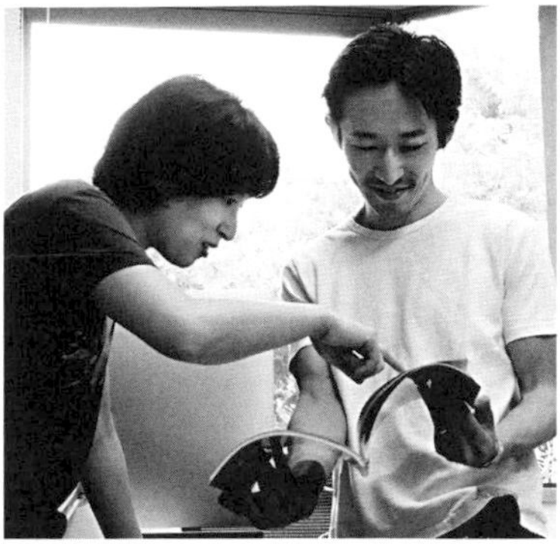

木村：我也是！但我不是受到男主角的啟發，而是被女性的古生物學者影響。

平澤：還有，學研出過一本《恐龍學最前線》的書，裡面有很多令人興奮的內容，那本書上就有記載關於SVP的事情，我是讀了之後才知道。

木村：所以你才這麼早就去參加SVP了嗎？

之後去東京大學的平澤研究室裡看俗稱「大戰版型」的牛仔褲。
（2020年6月下旬攝影）

平澤：對啊，那時我都還沒參加過日本的學會，卻先去了國際學會。

木村：原來如此。

平澤：我印象很深刻的是在會議上，有個研究員發表呼吸相關的報告，就是從那時開始，我也想要做呼吸的相關研究，所以試著和那個研究員聊天。他是哈佛大學的博士班學生，親切的教了我很多知識。他能對一個英語不太好，而且還是日本大學生的自己詳細的解說，讓我深感驚訝。我非常想要成為這樣的人。

木村：所以你在那裡型塑了自己未來想要成為的研究員樣貌。這也表示，你也會接受來自海外的留學生或希望成為研究員的學生，對吧？

平澤：當然很希望他們能來。這次換我站在研究員的立場，把我當時所接收到的溫暖再次傳遞出去。

木村：我也是，作為博物館的一員，很期待可以跟達矢指導下的次世代人們交流。

平澤：那時就請多多指教嘍。

木村：我也要請你多多指教。

（二〇二〇年六月上旬遠距收錄）

侏羅紀公園世代

繁體中文版
特別
對談
3

蔡政修

把在台灣不存在的古生物學家夢想實現成真

國立台灣大學生命科學系古脊椎動物演化及多樣性實驗室副教授。1983年出生於台灣台中。2004年參與「爆炸抹香鯨」的解剖後，墜入鯨魚與大型動物演化的世界，立志解開鯨魚演化的奧祕，因而前往紐西蘭攻讀鯨化石研究的博士學位。當前的研究重心包含台灣的古生物，希冀能發掘更多關於台灣動物們祖先的知識。

歷經九十年後的古生物研究交棒

木村由莉（以下稱為木村）：阿修你是台大第一位古生物學家，對吧？

蔡政修（以下稱為蔡）：精確來說，台灣大學第一位古生物學家，其實是建校的一九二八年，任教於日治時期台北帝國大學的早坂一郎（Hayasaka Ichiro）教授，所以我算是隔了將近一百年後（確切是相隔了九十年！），追隨早坂一郎的腳步，繼續在台灣大學耕耘古生物學、尤其是較大型的「古」脊椎動物這一塊的研究領域。

木村：請跟讀者解釋一下你的專業領域。你在台灣有什麼新的發現，或是發表了什麼研究嗎？

蔡：我長期研究的主題是海洋哺乳動物的化石和演化，但自二〇一八年，在台灣大學任教之後，增加了另一個主要的研究方向：台灣所發現的脊椎動物化石與其演化歷程。剛好以台灣的脊椎動物化石為主的研究工作，也有部分的成果和早坂一郎有極大的相關，而且最近的其中一篇和早坂一郎相關的研究成果讓我極為興奮——那就是首次證實了台灣存在過古生物中的超級明星類群：劍齒虎。

早坂一郎在一九四二年時發表了一篇關於台灣哺乳動物化石的研究成果，其中包含了一件有趣的下顎化石，當時被早坂一郎認為是 *Felis* 這一屬的動物——基本上就是和大家都極為熟悉的家貓同一個屬，但從尺寸來判斷，可以想像早坂一郎指的是大型的貓科動物，如老虎。台灣竟然存在過老虎這樣的大型肉食動物就已經夠令人興奮的了，但更令人驚奇與興奮的是——我們對一九四二年早坂一郎的化石標本重新分析過後發現，這一件在台南所挖掘出的標本，竟然是劍齒虎這一類的下顎化石！

木村：在台灣發現劍齒虎的這件事還上了日本電視新聞，成為話題呢！這種歷經九十年後又再次發現的研究，彷彿是穿越時間的對話，將經驗再度交棒下去的感覺。你是什麼時候把古生物學家作為你長久以來的夢想？

蔡：我十歲時，電影《侏羅紀公園》上映，再加上台灣的國立自然科學博物館離我老家不算太遠，我母親在我還小的時候就常帶我們到科博館看恐龍，即使有想要成為古生物學家的夢想，但這選項或想法在台灣似乎就跟不存在的事物一樣。

決心想要成為古生物學家，是在我滿二十歲的冬天，當時有一隻身長約十七公尺的抹香鯨擱淺，而且在運送的過程大爆炸——有點血洗台南街頭的樣子。負責這隻大型抹香鯨解剖工作的，是我當時就讀成功大學生物系的王建平教授，系上不少學生（包含我）都一起到解剖現場幫忙。在解剖現場不只親眼看著如此的龐然大物，還能看到鯨魚內部的結構，並爬上牠巨大身軀進行解剖工作，對我來說，這個身為「鯨騎士」的親身經驗，遠比在博物館的展場看著恐龍化石骨骼更加震撼。當時我就下定決心，要從古生物的角度來研究與理解巨大生物們的演化歷程。

推動故事之輪的擱淺抹香鯨

木村：算起來，阿修你也是侏羅紀公園世代的人呢！沒想到卻是因為擱淺在台南海邊的抹香鯨，才開始轉動你自身的故事之輪！你大學是念哪一所？是因為古生物學才去就讀的嗎？

蔡：當我還是高中生的時候，心中的想法就是想要從事研究工作、發現沒有人知道的事物，但當時還很迷惘，不知道也不確定自己能從事怎樣的研究工作。面臨高中升大學的聯考制度，也沒什麼把握，但我要升學的二十幾年前（我人生的一大半就這樣過去了⋯⋯），台灣的升學制度也開始在調整。當時看到聯考的簡章說明時，注意到成功大學生物系只需要準備我還算拿手的生物、數學和英文三個考科時，於是在全台灣注目的七月初大學聯考時就只報名了這三個剛好都是在下午考試的項目（完全沒有報名國文、物理和化學等其他考科）。很幸運、也沒有意外的，最後進入成大生物系就讀，然後在大二時經歷了爆炸抹香鯨事件（如上述），就決心要成為古生物學家。

之後，我在台中的東海大學就讀碩士班，很清楚是為了要繼續從事古生物學的研究工作，因為當時台灣所有的大學基本上都沒有實驗室在進行大型脊椎動物化石的研究工作，而我在參與爆炸抹香鯨解剖、成為了「鯨騎士」後，就到台中的國立自然科學博物館，跟著地質學組的張鈞翔研究員學習與從事古生物學的研究工作——而東海大學雖然沒有古生物學的研究室，但其中的林良恭教授和張鈞翔研究員是多年的同事與好友，便讓我以在台中的科博館進行古生物的研究工作為主，並同時在東海大學繼續學習現生生物的知識。

木村：所以你不是從地質學方面，而是從生物系的領域中，接觸到「古生物」這種遠古時代的生物呢！然後再藉由台中科博館的古生物學研究室，認識到相關的知識和專家。那麼你為什麼決定出國攻讀博士學位呢？

蔡：同樣回到爆炸抹香鯨事件的時期，騎上了抹香鯨、搖身成為「鯨騎士」之後，我開始尋找及閱讀跟鯨魚化石與演化相關的研究文章。當時還是大二生，英文也沒有特別好，對於第一手古生物研究文章的內容很多都還一知半解，但清楚的意識到撰寫及發表鯨魚化石及演化等領域相關的古生物研究文章的就是那幾個人——其中一個人為少數在大學（不少古生物學家都是在博物館裡任職，像是這本書的作者木村由莉博士就是博物館裡的古生物學家）裡任教的鯨魚古生物學家，那就是伊旺・福代斯（Ewan Fordyce）。

當時自己在心中就開始幻想著，要到紐西蘭跟著伊旺去挖掘大型的鯨魚化石，和從事相關的古生物研究工作。當時台灣基本上沒有從事古生物學研究的環境，如果不出國攻讀古生物的博士學位，從事鯨魚化石或其他相關的古生物學研究就真的只能停留在幻想的階段。而這一個前往紐西蘭攻讀古生物學博士學位、當時看似是不著邊際的幻想，在開始跟伊旺通信、甚至是直接前往紐西蘭跟伊旺見面，最後拿到了紐西蘭所提供的全額博士班獎學金等階段後慢慢實現，那每一小步、一小步的走著，沒想到最後真的讓我走到了這一個幻想的國度，並且成為了古生物學家！

好好工作，成為真實存在的古生物學家

木村：伊旺・福代斯博士是古生物學界中著名的鯨類研究者呢！我知道阿修是從那裡的實驗出來的，我對於這種懷有夢想出國留學的經驗感同身受。在成為古生物學家的路上，有受到誰的影響嗎？

蔡：在成為古生物學家的路上，每一個階段都受到了很多人的照顧與影響，但如果要挑一個影響我最深遠的人，那一定就是我在紐西蘭攻讀博士班的指導教授，伊旺・福代斯。很遺憾的，他最近才剛過世。

身為我的博士班指導教授，伊旺很自然的在我古生物研究之路占了很重要的角色。但對我來說，不只是古生物的研究本身，那背後鮮為人知的心路歷程也極為關鍵。紐西蘭和台灣某種程度上有點相似，因為隔壁都有個相對來說的大國——紐西蘭的大鄰居就是澳洲。有一次我從紐西蘭到美國進行短期的古生物研究工作時，美國的博物館詢問我是在哪裡做研究，我回答正在紐西蘭進行博士班的古生物研究後，對方忽然愣住，開始思考紐西蘭在哪裡，過了一會突然蹦出回應：「喔，是澳洲啊！」所以我印象很深刻的就是，有一天和伊旺一起工作，在休息時間一起喝個下午的咖啡時，伊旺説了「如果我們不好好工作（也就是進行古生物的研究）的話，沒有人會知道或在意我們的存在」的這些話——對我來說，這就跟在台灣的狀況極為類似，長期以來也幾乎沒有什麼人認識或在意台灣的古生物們。

木村：一開始説要當名「古生物學家」，聽起來好像痴人説夢，但福代斯博士卻成為了你的燈塔，讓你成就夢想。我想你大學時代能夠遇到張博士也是如此，找到可以成為目標的人是很重要的。能夠坐下來一邊喝咖啡，一邊分享研究的樂趣，這真是最美好的一刻。在成為古生物學家的路上所遇到的挫折是什麼？

蔡：挫折實在是太多了，不知道該從何講起……像是之前提到，光是一直被說在台灣很難或是無法進行古生物學的研究和成為古生物學家，就讓我感到極大的挫折。

木村：你是如何克服的呢？

蔡：舉另一個例子來說，我還在台灣的時候，當時正在進行台灣所發現的鯨魚化石的研究工作。看著眼前真正的化石標本，閱讀著全世界各地相關的古生物研究成果，意識到這一件台灣所發現的鯨魚化石有著超級迷人的故事——這是一種灰鯨的化石。不只如此，那「嬌小」的化石標本（雖然估計原始個體的大小有五公尺，但灰鯨能達到十五公尺！）清楚的指出，這是灰鯨的小寶貝！發現了這樣的化石，能讓我們進一步的去推測灰鯨的遠古繁殖地很有可能就是在台灣的海域——這項令我超級興奮的發現，在台灣卻持續有冷水往我身上潑，像是問我如何能確定這是灰鯨的化石、有沒有詢問過「國際間的古生物學家」等。這樣的質疑聲沒有間斷過，即使拿出了相關的證據來說明我的推論，卻因為我是學生的身分而沒有被接受。

直到我到了紐西蘭，有一天跟伊旺提及這個「故事」時，伊旺微笑的跟我說：「沒關係，你現在已經是國際間的古生物學家了。」我才走出了這樣的陰霾（我們也將這一個台灣的灰鯨小寶貝化石與其遠古繁殖地的古生物研究文章發表在國際間的古生物研究期刊）。

如果一開始不去嘗試，永遠不會有機會

木村：能夠一看到小小的灰鯨化石，就連想到台灣或許有灰鯨的繁殖場，我想這應該要歸功於阿修有生物學的背景。從這點來看，或許你追求夢想的過程並非真的很曲折，不過這需要等很長一段時間以後回過頭來看才能領悟，因此你才會在追求夢想的過程中感覺到沮喪。你曾經想過古生物學家以外的工作嗎？

蔡：是指在哪一階段去思考非古生物學家的可能性呢？

從事研究工作，大概可以說是從我小學就立下的心願，因為意識到可以發現全世界沒有人知道的事情就讓我很興奮！但成為古生物學家的路上，遇到的挫折當然不計其數，是不是該堅持走下去的想法也確實三不五時會冒出來，但又意識到自己本來就是一無所有，再多嘗試一下好像也沒有什麼損失，反而是如果真的能得到些什麼、或是完成了什麼，好像對自己的人生就有種「賺到了」的想法，所以就不知不覺的一路走了過來。

有趣的或許是，每一階段沒有花什麼時間去思考其他的事情或可能性，就是專心將自己手邊當下的古生物研究工作做好，反而讓自己的下一步走得蠻順利的——像是前往紐西蘭攻讀古生物博士班時，拿到紐西蘭的全額獎學金；在完成博士班的古生物研究後，我不僅達到預期，還進一步完成了更多研究，更順利的拿到日本學術振興會的博士後研究經費，成為了這本書作者木村由莉在日本科博館筑波研究中心在五樓的同事！

木村：能夠在日本的博物館和阿修成為朋友，對我來說也是一大收穫。阿修非常的直率熱情，但我沒想過你當初考大學時竟然沒有備案選擇！

蔡：這麼說，木村當時有備案嘍？

木村：我考大學的時候，不只報考地球科學學部，還去考了藥學學部。雖然考藥學是用來當作考試的練習，但若是沒辦法在大學時學習古生物的話，至少還可以將研究化石當成興趣，繼續專研，也就是抱持著「至少念一個可以賺錢的本業」的這種粗淺念頭（可能就是想得太過簡單才沒有考上吧）。此外，我也考慮過從事古生物相關書籍編寫這類的工作。現在你成為了脊椎動物古生物學家！你想對年輕的自己說什麼？

蔡：在台灣要往古生物學家的路上前進，幾乎每一個人都跟你說不可能，聽到了這麼多不可能，信心一定會動搖，也會三不五時的思考是不是該往不同的方向走。但現實就是世界很大，加上了那看似難以想像的時間軸，古生物的世界其實更大，等著你去探索，相信你會繼續走下去、跟未知的世界和極為迷人的古生物們繼續玩耍。

還記得你國中時的夢想嗎？就是希望能在全世界最好的大學教書和進行研究工作。當時所謂全世界最好的大學，只聽過美國的哈佛大學，就幻想能成為哈佛大學的教授。不用擔心能不能進到所謂最好的大學教書和做研究，因為你會發現各個大學裡的教授們都極為不同，基本上無法比較，只要將自己能完成與想完成的工作做好，你在的學校就是全世界最好的學校！

木村：我認為這一點不僅適用於想當古生物學家的人，更適用於所有想實現夢想的人。在自己所處的地方盡力而為，不是光有夢想就好，更要藉由實現夢想的努力過程，將自己所在的的地方變成最棒的地方。

最後一題，對於想成為古生物學家的台灣孩子，想跟他們說什麼？

蔡：曾經有學生很直接的來問我「老師的薪水多少」之類的問題。可以理解很多人都覺得古生物很有趣，但不確定自己能不能以進行古生物的研究，或是能以「跟古生物們玩耍」的工作來維生。

從我現在的角度來看，會認為如果真的有興趣的話，不需要想太多，先真的好好投入一段時間看看——即使沒有走上古生物學家之路，這一段的經驗也不會白費，而是會成為人生中有趣的經驗。其中所學習到各式各樣的技能，尤其是人生態度和思考方式，相信也能應用在其他的工作上。另一個可能性就是真的成為了古生物學家，或是找到了能和古生物們玩耍的工作——就跟木村博士和我現在一樣，即使這樣的工作機會確實不多，但如果一開始就不去嘗試，當然永遠不會有機會。

台灣現在的古生物學研究不多，拿到相關研究或工作的機會也確實很有限。但換個角度來想，就是因為發展仍然很有限，所以台灣的古生物研究充滿了許多可能性，很期待大家一起來探索那充滿未知的古生物世界。

木村：我覺得「喜歡」某件事情，會帶來不可思議的力量，有時候甚至會帶來自己都難以言喻的幸運或命運。如果幸運之神真的存在，我想祂會將好運送給那些相信「自己是幸運」的人。而阿修你想實現的願望就有這種神奇的力量，就像你在台灣成為古脊椎動物學者一樣，並非是絕不可能實現的事！當然，找到自己喜歡的事物本身就是一項不容易的任務。花些時間，努力尋找那些你想嘗試的事情吧！

（二〇二三年十二月收錄）

謝辭

到目前為止，為了實現成為古生物學家這個有點陌生的夢想，我學到了很多知識，也得到很多支持。

像是從學生時代開始，遇到的那些願意傾囊相授，不厭其煩教導我的老師、一直充滿刺激的「侏儸紀公園世代」朋友、在美國讀研究所時，結識的來自不同國家的友人，以及一直相伴的研究夥伴。

回國後，在日本研究網路還沒建立的情況下，一起從零開始打造實驗室的研究者、老師、朋友。

無論是在我人生中的重要時刻也好、面臨危機的時刻也好，或是開心的時候，所出現的每個人，我都由衷地感謝你們。

還有，買了這本書的你們。

你們在收銀處支付的珍貴的錢，會在我手上積攢起來，我打算把這些錢用在研究上。謝謝你們支持我的研究。

不時出現金句的媽媽和家人

●木村家

指導老師

- Louis L. Jacobs
- 平野弘道 ●冨田幸光
- Alisa J. Winkler ●Dale A. Winkler

嚮往成為的古生物學家／雅各布斯研究室的前輩

- Yoshi Kobayashi（小林快次）
- Junchang Lü ●Yuong-Nam Lee

南方衛理公會大學的老師、同事、友人

- Bonnie F.Jacobs ●James E. Brooks
- James E.Quick ●Anthony Fiorillo
- Michael J. Polcyn ●Lauren Michel
- Lu Zhu ●Junghyun Park ●Vicki Quick

雅各布斯研究室的朋友

- Diana Vineyard ●Timothy Scott Myers
- Thomas Adams ●Christopher Strganac
- Yosuke Nishida

在大學和研究生階段提供學習古生物的重要機會，並持續給予正面影響的各位

〈古生物學家〉

- 長谷川善和
- 犬塚則久
- 真鍋真
- 樽創 ●伊左治鎮司 ●髙桒祐司
- 宮田和周 ●藤田将人 ●廣瀬浩司
- 早稲田大學 平野研究室 前輩
- 早稲田大學 平野研究室 同期

〈相關人士〉

●小田隆
●伊藤恵夫（骨の伊藤さん）
●坂田智佐子
●中川久雄 ●高橋和男 ●馬場健司
●高橋功 ●長尾衣里子
●恐龍倶樂部

〈擔任祕密嚮導的女性古生物學家〉

●江木直子 ●佐藤たまき

侏羅紀公園世代的前輩、朋友

●大橋智之（北九州市立生命之旅博物館）
●田上響（福岡大學） ●久保泰（東京大學）
●久保麦野（東京大學） ●藤原慎一（名古屋大學博物館）
●松本涼子（神奈川縣立生命之星・地球博物館）
●林昭次（岡山理科大學） ●村上瑞季（秀明大學）
●中島保寿（東京都市大學） ●平沢達矢（東京大學）
●田中真士（恐龍君）
●松井麻衣（古生物科學公司）

＊括號內的是二〇二〇年時的所屬單位

研究時的師傅、共同研究者，以研究之名的冒險夥伴

●Everett Lindsay（Doc） ●Zhuding Qiu
●Thure E. Cerling ●Lawrence J. Flynn
●Kay Behrensmeyer ●Xiaoming Wang
●Gene Hunt ●Isaac Casanovas-Villar
●Qiang Li ●Yingqi Zhang ●Tara Smiley
●Sílvia Pineda-Munoz ●Cheng-Hsiu Tsai
●Kumiko Matsui

美國時期的恩人、朋友

●Emily Lindsay ●Red Fireballs

●Dan Davis ●Lauren Debrussy

學生時代的朋友

●あぶりやま會 ●本女G組 ●地科專同期

●CESL的朋友 ●SMU的朋友

歸國後受到關照的各位

●Above all

〈博物館〉

●國立科學博物館 地學研究部

●國立科學博物館 古生物志工

●諾氏古菱齒象化石攝影隊志工

●化石複製品製作 円尾博美、小畑朗

●化石哺乳類復原圖 岡本泰子、伊藤丙雄

●北關東博物館的朋友

〈研究〉

●東京工業大學 ●HAMRI株式會社

●日本大學 ●東京醫科齒科大學齒科同學會 ●瑞浪市化石博物館

為能產出這本書而奮鬥的大家

●設計 井上大輔(GRiD)

●繪圖 鈴木苑子(「助手」も兼務)

●「助手」 柳下美佳

●編輯 藤本淳子

紙短情長，還有許多人想要感謝：從小就一直支持我的繪畫教室老師，一直保持聯繫的幼稚園老師和中學校時期的國語老師，讓我適應美國生活並為我做出各種安排的當地居民的家庭，以及透過交流為我打開大門的諸位研究員。我真的遇到了很多美好的人，未來也請多多關照。

後記

有一天，我被出版社編輯問起關於可以做的書籍主題，我推薦可以寫羅伊·查普曼·安德魯斯的挖掘探險故事，作為美國自然史博物館中亞探險的題材。我非常喜歡這個探險故事，從小就反覆閱讀《尋找恐龍蛋》這部漫畫（高士與市 著／理論社出版），並在碩士班時閱讀探險隊所發表的化石論文。就連進入科博館後，也還在讀安德魯斯的原著。我熱切地說如果要寫一個適合孩子和成人都能享受的古生物探險故事，這個主題再適合不過。但得到的回答卻是「不，我更想聽聽老師您自己的故事」。

我當時有些猶豫，因為同個出版社已經出版了東京學藝大學的佐藤環老師所寫的書《鈴木雙葉龍：另一個故事》。這本書是在描述佐藤老師大學的時候，學習古脊椎動物的經歷，之後經由共同研究，發表了鈴木雙葉龍的新屬首次亮相的故事，這個故事吸引了許多古生物愛好者的注意。

雖然我的養成與佐藤老師相似，但相對來說沒有那麼耀眼，這是我對自己客觀評價的看法。雖然有著「女性研究者」、「古脊椎動物」、「海外留學」、「孩童時期是恐龍迷」等共同點，但自覺仍有所不足，還在踏踏實實的做研究，所以覺得為時尚早。

在接下來的一個多小時裡，我們不斷的重複「不，我做不到」和「好啦，我想聽聽老師講自己的故事」，就像壞掉的唱盤一樣反覆播放，漸漸地，我竟然覺得或許把我的故事寫下來這件事是可行的。

在缺乏像「鈴木雙葉龍」這樣酷炫名詞的情況下，我開始思考如何從我的成長史中擷取、連結，使其成為一本完整的書籍。由於這種微妙的壓力，有一段時間我完全無法動筆。

當我每次把感覺是亂寫的部分稿子交出去時，都會收到多如一輩子分量的讚美，就這樣在灌迷湯中，我終於把我自己的事情進展到了故事中的結局（開始進入科博館的時候）。編輯處理過的稿件，添加了我覺得易懂、不鋪張的句子，足以傳達我的想法，讓我感動不已。雖然最初是缺乏自信所寫下的書，但在讀完之後，我非常希望能讓更多人來閱讀這本書，啊！原來我的人生也是充滿了戲劇性呢！

這本書之所以能完成，全仰賴藤本淳子對科博館的熱愛之心和善於讚美的天性。雖然藤本小姐的名片上寫是 BOOKMAN 社的編輯，但我認為她只是一位「喜歡科博館的狂熱分子」。或許這樣的說法更為正確。

木村由莉

1983年生於日本長崎縣佐世保市。在神奈川長大。國立科學博物館地學研究部研究員。早稻田大學教育學部畢業、美國南方衛理公會大學地球科學科博士。專攻陸地哺乳動物化石，致力於小型哺乳動物的演化史和古代生態的研究。興趣是公路旅行，遊歷日本國內的化石產地和遺址。監修的書籍包括《動物的滅絕與進化圖鑑：讓人出乎意料的動物演化史》、《古生物食堂》（台灣東販）、《演化的故事365天（培養理科基礎的故事）暫譯》（技術評論社）。

熱愛恐龍的女孩，
最終成為激勵人心的古生物學家

作　　者／木村由莉
插圖繪製／鈴木苑子
審　　定／蔡政修
譯　　者／劉子韻
總 編 輯／陳怡璇
副總編輯／胡儀芬
助理編輯／俞思塵
封面設計／邱芳芸
內文排版／楊思孝
行銷企畫／林芳如

出　　版／小木馬／木馬文化事業股份有限公司
發　　行／遠足文化事業股份有限公司（讀書共和國出版集團）
地　　址／231 新北市新店區民權路108-4 號8 樓
電　　話／02-2218-1417
傳　　真／02-8667-1065
Email　　service@bookrep.com.tw
郵撥帳號／19588272 木馬文化事業股份有限公司
客服專線／0800-2210-29
法律顧問／華洋法律事務所　蘇文生律師
印　　刷／中原造像股份有限公司
2024（民113）年 2 月初版一刷
定　　價／400元
Ｉ Ｓ Ｂ Ｎ／978-626-97967-0-0
　　　　　　978-626-97967-2-4（EPUB）、978-626-9967-1-7（PDF）

Original Japanese title: MOGAITE, MOGAITE, KOSEIBUTSUGAKUSHA!!
Copyright © 2020 Yuri Kimura
Original Japanese edition published by Bookmam-sha
Traditional Chinese translation rights arranged with Bookman-sha
through The English Agency(Japan)Ltd. and AMANN CO., LTD.
Traditional Chinese edition © 2023 ECUS PUBLISHING HOUSE.

國家圖書館出版品預行編目（CIP）資料

熱愛恐龍的女孩，最終成為激勵人心的古生物學家／木村由莉作；
劉子韻譯. -- 初版. -- 新北市：小木馬，木馬文化事業股份有限公司出
版：遠足文化事業股份有限公司發行，民113.02
　面；14.8×21公分

ISBN 978-626-97967-0-0（平裝）

1. CST: 木村由莉　2. CST: 古生物學　3. CST: 傳記　4. CST: 日本

783.18　　　　　　　　　　　　　　112022889